高等职业教育

市场营销专业

新形态一体化

系列教材

U0645625

新媒体营销

（微课版）

张胜德　刘圳波 / 主编

董诗化　魏秋　苏博 / 副主编

清华大学出版社

北京

内 容 简 介

随着移动互联网的快速发展,各类新媒体平台不断涌现。由于新媒体具有互动性强、信息传播速度快等特点,企业可以通过新媒体平台以更低的推广成本触达更多的目标用户,因此新媒体平台成为企业首选的营销平台。

本书全面、系统地阐述了新媒体营销的相关知识,注重理论联系实际,帮助读者快速掌握新媒体营销的方法与技巧。全书共 8 个项目,包括新媒体营销概述、新媒体营销常用技能、微信营销、社群营销、直播营销、短视频营销、微博营销和新媒体营销数据分析。

本书体系完整、结构清晰、讲解透彻,既可作为高职高专市场营销专业新媒体课程的教材,也可作为广大新媒体行业从业人员学习和参考用书。

本书封面贴有清华大学出版社防伪标签,无标签者不得销售。

版权所有,侵权必究。举报:010-62782989,beiqinquan@tup.tsinghua.edu.cn。

图书在版编目(CIP)数据

新媒体营销:微课版/张胜德,刘圳波主编. -- 北京:清华大学出版社,2025.6.
(高等职业教育市场营销专业新形态一体化系列教材). -- ISBN 978-7-302-69101-3

Ⅰ. F713.365.2

中国国家版本馆 CIP 数据核字第 2025SG5890 号

责任编辑:吴梦佳
封面设计:傅瑞学
责任校对:刘　静
责任印制:刘　菲

出版发行:清华大学出版社
　　　　网　　　址:https://www.tup.com.cn,https://www.wqxuetang.com
　　　　地　　　址:北京清华大学学研大厦 A 座　　　邮　　　编:100084
　　　　社　总　机:010-83470000　　　　　　　　邮　　　购:010-62786544
　　　　投稿与读者服务:010-62776969,c-service@tup.tsinghua.edu.cn
　　　　质量反馈:010-62772015,zhiliang@tup.tsinghua.edu.cn
　　　　课件下载:https://www.tup.com.cn,010-83470410
印　装　者:三河市君旺印务有限公司
经　　　销:全国新华书店
开　　　本:185mm×260mm　　　印　　　张:9.75　　　　　字　　　数:223 千字
版　　　次:2025 年 6 月第 1 版　　　　　　　　印　　　次:2025 年 6 月第 1 次印刷
定　　　价:49.00 元

产品编号:111564-01

党的二十大报告指出,加快发展数字经济,促进数字经济与实体经济深度融合,打造具有国际竞争力的数字产业集群。新媒体这一形式将成为发展数字经济的有力支撑。为了紧跟行业的发展与变化,提升自己的新媒体营销能力,新媒体运营者必须时刻关注行业动态和社会热点,熟悉各大新媒体平台的功能,保持对新鲜事物与热点事件的敏感性,熟练掌握各类新媒体工具的使用方法,才能大幅提升工作效率。

新媒体的快速发展深刻改变人们的思维方式和行为习惯,人们越来越依赖网络带来的便利,也更倾向于通过网络获取各种资讯。同时,一大批新媒体平台的出现,也为企业提供了更加广阔的营销空间,企业可通过微博、微信、社群、短视频、直播等具有新媒体特色的平台转型升级,从而获得新媒体带来的诸多红利。

为了顺应时代的发展,我们在深入分析新媒体发展趋势的基础上,结合目前常用的营销手段编写了本书,旨在为新媒体营销从业人员提供指导与参考。本书共8个项目,分别为新媒体营销概述、新媒体营销常用技能、微信营销、社群营销、直播营销、短视频营销、微博营销和新媒体营销数据分析。

本书具有以下特点。

1. 内容全面

本书不仅系统阐述新媒体营销基本知识,还针对如何做好新媒体营销的准备、如何组织开展新媒体主流平台营销的问题展开讨论,帮助读者解决新媒体营销中的难点与痛点。

2. 能力与素养并重

本书紧跟时代发展的步伐,深入贯彻党的二十大精神,落实立德树人根本任务,设置了"素养目标"板块,融入遵纪守法、职业道德、行为规范、诚信经营、民族自信、文化自信、法治精神等内容,引导读者形成正确的世界观、人生观和价值观,激发读者的爱国主义情怀,着力培养德、智、体、美、劳全面发展的新媒体营销人才。

3. "干货"十足

本书内容实用易学,"干货"十足。无论是新媒体新手还是资深从业人员,都能从本书中学到一定的实战经验和技巧,并将其应用到自己的工作实践中。

4. 资源丰富

本书提供了丰富的立体化教学资源,书中重难点知识配有微课视频,还提供了教学PPT课件、习题参考答案、教学大纲、电子教案等资源,读者可在清华大学出版社官网下载本书数字资源。

　　本书由张胜德（吉林工业职业技术学院）和刘圳波（吉林城市职业技术学院）任主编，董诗化（吉林省经济管理干部学院）、魏秋（吉林城市职业技术学院）和苏博（吉林电子信息职业技术学院）任副主编。本书具体分工如下：张胜德负责项目2～项目6的编写，刘圳波负责项目1和项目8的编写，董诗化负责项目7的编写，魏秋和苏博负责资料整理、微课脚本及制作。编者借鉴了大量国内外学者的文献、专著等资料，在此向诸位学者表示感谢。

　　由于编者水平有限，书中难免存在不足之处，恳请广大读者和同行批评指正！

编　者
2024 年 12 月

147 参考文献

项目 ①

新媒体营销概述

学习目标

知识目标

（1）了解新媒体与新媒体营销的内涵。

（2）熟悉新媒体与新媒体营销的特征。

（3）掌握新媒体的表现形式。

（4）掌握新媒体营销的模式。

技能目标

（1）能够做好新媒体用户定位。

（2）能够做好新媒体内容定位。

素养目标

培养独立思考问题的能力。

引导案例

5G时代声音新媒体平台的新范式

随着5G商用牌照的正式发放，我国的传媒生态也发生了变化。中央广播电视总台利用新技术率先打造了"云听"这一全新的声音新媒体平台，并与"央视频"共同构成了总台的"一体两翼"。"云听"作为对广播功能的全面升级，它对内容的高品质追求和注重精神文化引领的价值坚守，以及在技术的助力下，对内容格局、产品形态、技术架构、商业模式等方面所做的创新，为广播新生态提供了一个范式。

1. 内容定位：追求高品质，传播正能量

随着科技的快速发展，大众对生活的品质要求也越来越高。"云听"在内容的选择上，始终坚持挑选高品质且充满正能量的传播内容。故而知识类、资讯类内容占比较大，当然也包含公众喜欢的娱乐类内容。"云听"的娱乐类内容相较其他的娱乐节目来说更为纯粹，它以引导大众积极向上的价值观为旨归，传播正能量。以"云听"的《爱豆私房话》为例，该节目虽然是在讲述明星们的故事，却注重将明星们真实的内心世界呈现给听众，以便听众从中获得正能量。此外，"云听"为了保证内容的高品质追求，在减少通俗言情小说比例的同时，增加了世界名著和经典爱情故事的讲述。

在听觉效果上，相较于当下流行的"喜马拉雅FM"和"蜻蜓FM"，"云听"的听觉效果显然更好。"云听"作为全新的声音新媒体平台很好地弥补了领域内主播专业素养不过关的缺陷,该节目的主播多数为职业播音员、主持人,在专业方面始终精益求精。尤其是他们在语速、语调、感情色彩等方面的精准把握,在让听众精神愉悦的同时,也让受众瞬间理解了节目的传播内容和传播价值。

2. 节目定位:坚持积极的文化导向

进入"云听"的界面,受众可以明确感受到节目的精神文化导向。它的界面以简单的白色为底,简洁清晰。每个音频节目的配图或充满阳光,或幽默有趣,或饱含书香,时刻都在以细节体现节目的精神定位和价值观引领。"云听"虽然是声音新媒体平台,却从不以刺激性、暴露性的图片来吸引公众的注意。"云听"能够为受众提供良好的搜索体验,得益于"云听"始终坚持积极的文化导向这一创设初心。

"云听"作为国家级的5G声音新媒体平台,旨在为受众提供伴随式收听的功能,并致力于真实信息的有效传播,即"云听"的内容制作不仅要丰富人们的日常生活,还要为受众提供更好的信息服务,保持对公众精神世界的文化引领。毕竟只有正确的文化导向,才能引导公众在错综复杂的信息海洋中、在各类观点中做出正确判断,从而促进整个社会思想文化的健康发展,实现媒体责任。

案例拆解任务单

实训地点:		教室:		小组成员:
一、任务描述 　　1. 实训任务:案例拆解。 　　2. 实训目的:了解新媒体营销相关知识。 　　3. 实训内容:①以小组为单位,分工搜集"5G时代声音新媒体平台的新范式"的相关信息;②以"5G时代声音新媒体平台的新范式"为基础,分析如何进行内容定位;③完成一份案例分析报告并制作案例分析汇报PPT。				
二、相关资源 　　以"5G时代声音新媒体平台的新范式"等为关键词,查询与5G时代声音新媒体平台有关的网络资料。				
三、任务实施 　　1. 完成分组:4～6人为一组,选出组长。 　　2. 围绕该案例,在网络上查询与"5G时代声音新媒体平台的新范式"有关的信息并进行整理和分析,然后提交案例分析报告。 　　3. 小组分工撰写汇报PPT,完成后选出代表进行汇报。				
四、任务执行评价				
<center>**任务评分标准**</center>				

序号	考核指标	所占分值	评价要点	得分
1	完成情况	20		
2	内容	60		
3	分析质量	20		
总　　分				

任务 1.1 新媒体概述

新媒体的快速发展,不仅使用户视线由传统媒体转向新媒体,还改变了用户获取和传播信息的方式和习惯,对人们的生产、生活产生了深刻影响。同时,这也让不少企业看到了营销机会。传统媒体投放大户开始调整营销策略和预算分配,纷纷转战新媒体,尝试和探索企业网络营销的新模式。

1.1.1 新媒体的内涵

我们将"新媒体"这一概念从广义与狭义的角度进行定义。广义上讲,新媒体是指以网络数字技术及移动通信技术为基础,利用无线通信网、宽带局域网、卫星及互联网等传播渠道,结合手机、计算机、电视等设备作为输出终端,向用户提供文字图片、语音数据、音频、视频动画等合成信息及服务的新型传播形式与手段的总称。狭义上讲,"新媒体"可以理解为"新兴媒体",即通过技术手段改变信息传送的通道,只是一种信息载体的变化。

实践是人类认识的来源,人们对于新媒体的认识随着媒介技术的发展而不断深化。要准确界定新媒体,必须以历史、技术和社会为基础进行综合理解。之所以称为新媒体,是因为它是建立在数字技术和网络技术之上的媒体形式,较之以往的媒体具有全新的传受关系和全新的技术手段。

1.1.2 新媒体的特征

每一种新媒介的出现都依赖新的媒介技术,每一种媒体都会表现出其所基于的媒介特性。新媒体被形象地称为"第五媒体",与报纸、杂志、广播、电视等传统大众传媒相比,新媒体具有独特的传播特性,主要表现为以下五个方面。

1. 传播主体多元化

大众传播时代,报纸、广播、电视等传统大众媒体作为主流的信息传播媒介,受众使用它们的机会和可能性较小,通常是以受众的身份单向接收信息。新媒体的出现打破了这种局面,用户不仅可以在社交网络上获取各种新闻消息(如微博用户可以通过关注社会热点等了解时下的热门话题),还可以在社交应用上发表自己的观点、想法,分享自己的所得感悟。用户一改过去单一的信息接收者角色,兼具传播者和接收者双重身份。

此外,传播主体的多元化也带来了传播者主体地位的弱化与泛化,传播者与受众之间的关系变得模糊,并且二者之间的身份可以随时相互转化。受众接收到传播者发出的信息后可以利用新媒体及时将消息进行转发,进而转化为新的传播者;原来的传播者通过类似的形式接收到其他传播者转化来的信息,进而转化为新的受众,传播者与接收者之间形成循环互动。

2. 及时互动和共享信息

随着新兴媒介技术的推陈出新，用户获取和传播信息变得更加便利。一方面，用户可以用智能手机或者平板电脑等智能终端在微博、微信等新媒体上快速获取各类新闻信息，提高自己对社会环境的认知；另一方面，用户还可以通过这个新兴的社交网络，直接对新闻发表个人看法和评价，参与到事件的讨论中，行使公民的言论权利，而不再是单向的信息接收者，这也是新媒体最大的特色。

此外，新媒体对于受众来说，还是一个信息共享平台。依托互联网这个开放的平台，全世界的网络都可以连接起来，形成一个海量信息数据库。超链接技术更是将这些海量信息有效融合在一起，新媒体的开放、共享程度超过了以往所有的媒体。受众能够将信息第一时间发布出去，与其他用户共享。例如，百度文库是提供给网友在线分享文档的开放平台，用户可以在百度文库在线阅读或自由下载论文、专业资料、课件、试题和各类公文模板等，而这些文档都是网友上传提供的。

3. 即时、实时、全时传播

新媒体以网络技术、数字技术和移动通信技术为依托，通过社交网络将亿万用户连接起来，使信息获取和传播更加快速便捷。用户通过新媒体可以随时随地获取信息，了解社会热点，同时，新兴的移动社交应用如微博、微信、短视频等媒介还可以将用户分享的内容第一时间发布出去，让信息直达受众，打破了传统媒体在时间上的限制，真正实现了麦克卢汉所言的"地球村"。

不仅如此，随着移动社交应用和视频直播的发展，受众更是直接被带到了事件现场，实现了事件进展、传播者发布信息和受众接收三项同步进行。信息传播的时效性大大增强，典型表现就是微博的兴起，许多突发事件都是通过微博"爆料"出来的。用户在新闻信息的采集、加工、制作等一系列活动中有机会参与其中，并发表自己的看法。

4. 个性化信息服务

传统大众传媒环境下，受众往往是匿名的，传统媒体对受众进行单向度的"同质化传播"，传播节目内容试图涵盖所有受众，因而受众的个人需求并未得到有效满足。然而，在新媒体时代，信息内容多样化使受众的细分化趋势明显，受众的地位与个性突出。新媒体能够为不同的受众群体提供多样化的内容，受众可以自主选择内容和服务。与此同时，网络市场上的公司、服务商也开始进一步对受众进行细分，向不同属性的群体提供不同的个性化产品和服务，为受众异质化传播提供了可能，提高了传播的专业性、精准度和有效性。在受众主导传播的局面下，受众有了更大的选择权、更高的自由度，新媒体更加注重用户的个性化体验，有助于满足受众的个性化需求。

5. 海量信息及内容碎片化

新媒体的出现不仅扩大了传播主体，而且带来了海量的传播信息。每个人都可以使用各式各样的社交网络分享内容，信息的表现形式也更加丰富多样，新媒体能够集文字、图片、音频、视频、动画等于一体,带给用户更加震撼的视听享受。

内容碎片化也可以叫作"微内容",它们并非整块的内容,而是零碎地堆砌在一起,没有得到有效整合。新媒体时代,网络应用大致经历了由 BBS 到博客、QQ 空间、人人网,再到微博、微信的转变。受社交网络演变的影响,人们在网络上发布的内容篇幅逐渐缩短,信息呈现碎片化,进而产生信息缺乏深度、缺乏逻辑性等问题,影响着新媒体时代受众阅读习惯的养成。信息内容的碎片化折射出当下现代人生活的压力及其导致的媒介内容浅薄化、娱乐化。再加上传播主体的多元化、传播权利的全民化,新媒体平台上各种各样的信息趋于海量化,呈现出碎片化信息爆炸的状态。

1.1.3　新媒体的表现形式

一切依托数字技术和网络技术的媒体表现形式都可以看作新媒体,其中门户网站、搜索引擎、自媒体、知识问答平台、视频和直播、社群等是目前新媒体的主要表现形式,熟悉这些表现形式可以加深运营人员对新媒体的了解。

1. 门户网站

门户网站是进入互联网的入口,是新媒体被人们广泛认知的开始。发展至今,门户网站已经成了具有丰富功能的综合性网站,企业可以通过门户网站进行产品宣传、品牌建设等运营活动,达到降低企业管理成本、开拓市场等目的。图 1-1 所示的搜狐网为目前大型的综合性门户网站,该网站栏目众多,可为不同需求的用户提供入口,方便用户获取信息,并为企业运营推广提供了条件。其他门户网站还有网易、腾讯和新浪等。

图 1-1　搜狐网首页

2. 搜索引擎

搜索引擎通过蜘蛛程序在互联网上抓取海量的网页信息,并建立索引数据库。用户通过关键词进行搜索时,搜索引擎将与该关键词匹配的结果信息呈现给用户。搜索引擎呈现的这些结果信息也来自用户的编辑,新媒体运营人员可以将需要运营的内容发布到网上,通过关键词排名或竞价搜索的方式将信息展现给用户。目前常用的搜索引擎有国外的谷歌,国内的百度、搜狗、360 搜索等。

通常企业通过在用户搜索结果页面植入运营信息,吸引用户点击并产生最终转化。图 1-2 所示带有"广告"字样的搜索结果就是通过竞价排名的方式展现在首页的。

图 1-2　搜索引擎排名

3. 自媒体

自媒体是一种个人媒体,是利用电子媒介向他人或特定的某些人传递信息的新媒体,具有私人化的特点。每个人都可以通过各种新媒体发布自己的所见所闻,成为自媒体。常见的自媒体渠道有微博、微信、博客、百度等,企业或个人也可以通过这些渠道进行产品或品牌的运营推广。图 1-3 所示为百度首页。

图 1-3　百度首页

4. 知识问答平台

随着新媒体的发展，用户对知识的真实性和专业性要求越来越高，一大批基于专业知识的知识问答平台应运而生，其中最具代表性的就是"知乎"。知乎除了有知识和经验的分享功能外，更注重对发散思维的整合。

5. 视频和直播

视频网站的最初盈利方式是上传视频与他人分享内容，以获得流量和人气，但这种方式通常盈利不多，导致网站维护成本昂贵。随着新媒体运营的兴起，在视频前、中、后加上贴片广告成了视频网站新的盈利点，其中以优酷、爱奇艺、腾讯视频等视频网站为主（图1-4所示为爱奇艺网站首页）。同时，短视频这种时长较短、更方便用户制作和分享的视频形式随着移动互联网的发展而兴起，它具有操作流程简单、随拍随传、即拍即处理、即时通过社交软件分享等特点。

图1-4　爱奇艺网站首页

网络直播是一种可以实时分享现场的新媒体运营方式，具有真实性和直观性等特点，在当前十分流行。与视频相比，直播更加直观，并且可以更好地实现与用户的互动，提高用户的信任度与忠诚度。

6. 社群

随着各种社交媒体的快速发展，稳定的群体结构和较一致的群体意识使社群运营成了新潮流。社群成员由一群具有相同爱好或对某种事物具有共同认知或实施共同行为的人组成，他们具有一致的行为规范和持续的互动关系。社群运营是一种依靠专业、优质的内容输出形成社群圈层，并建立起中心化的信任关系，依靠信任实现彼此之间的互动的运营方式。自媒体或其他媒体都可朝着社群发展，以获得持续的内容生产和变现能力。

任务 1.2　新媒体营销

数字技术和网络技术的快速发展催生了新媒体。时至今日，新媒体早已不是一个新兴词语，它以无法阻挡的发展势头改变着越来越多人的生活方式。在此背景下，以顾客为中心的企业营销自然需要做出改变来积极顺应时代的发展潮流。因此，利用以互联网、手机为代表的新媒体开展企业营销，探索新的营销模式，具有重要的现实意义。

1.2.1　新媒体营销的内涵

所谓新媒体营销，简单来说，就是企业通过新媒体渠道开展的营销活动。具体来讲，新媒体营销指的是信息化、网络化、电子化环境下开展的营销活动。新媒体营销属于营销的一种，是企业开展网络营销活动的一种重要活动方式，也是一种基于现代营销理论。企业利用新技术的经营手段，能够最大限度地满足企业及顾客的需要，获得最大化的利益。新媒体为人们提供了更便捷快速的交流方式，如数字广播、手机短信、移动电视、网络视频、数字报纸等。由此可以概括出：所有以有线或无线网络为载体的数据展示形式的媒介统称为"新媒体"。新媒体被称为继报刊、户外、广播、电视四大传统媒体之外的"第五大媒体"。随着新兴媒介技术的发展，新的营销方式不断涌现，新媒体营销正是在这种背景下出现的。

1.2.2　新媒体营销的特征

新媒体营销与传统媒体营销是有很大不同的，其区别主要在于新媒体营销更注重"关系"与"情感"，它给人的感觉是"深度卷入"而不是"生拉硬拽"。新媒体营销有哪些特征呢？

1. 成本低廉

成本低廉特征主要表现在经济、技术、时间三个方面。

（1）经济成本低廉。①新媒体营销固定成本低廉。新媒体营销是基于几大固有平台进行的，如微博、微信，因此不需要自己创建营销平台，从而减少了固定资金的投入。②新媒体营销流动成本低廉。新媒体营销过程中，可以借助先进的多媒体技术手段，以文字、图片、视频等表现形式对产品、服务进行描述，基本上不需要什么费用，所以经济成本低廉。

（2）技术成本低廉。新媒体营销是科学技术发展到一定阶段的产物。虽然其技术含量很高，但与高端技术相比，新媒体营销的技术成本并不高。以微博为例，微博营销对技术性支持的要求较低，具体表现为企业微博的注册、认证、信息发布和回复功能已经接近"傻瓜化"的使用程度。

（3）时间成本低廉。新媒体的信息传播无须经过相关部门的审批，简化了传播程序。

网络信息传递的互动性使营销信息获得"一传十，十传百"的效果。同时很多情况下，传播过程是自发的，如某微信公众号的一篇文章被很多人转发到朋友圈，这种便捷的传播方式自然降低了新媒体营销的时间成本。

2. 应用广泛

随着新技术和新思维的不断涌现，新媒体的传播渠道日益增多，主要有博客、网络视频、网络社区、交互式电视（IPTV）和移动电视，如表 1-1 所示。

表 1-1　新媒体的传播渠道及要点说明

传播渠道	要 点 说 明
博客	利用博客，发布并更新企业或者个人的相关情况和信息，并且密切关注和及时回复平台上客户对企业或个人的相关疑问及咨询，以期达到宣传目的的营销手段
网络视频	随着网络媒体的崛起，网络视频领域方兴未艾，主要有视频分享类、网络直播类、网络传媒类和企业视频类等
网络社区	网络社区是网站所提供的虚拟频道，供网民互动、维系情感及分享资讯。网络论坛（BBS）、社交网络服务（SNS）、聊天室等是其主要表现形式。网络社区经营成功，可以带来稳定的收入及更多的流量，注册会员更能拥有独立的资讯存放与讨论空间
交互式电视（IPTV）	IPTV 即交互网络电视，一般指通过互联网络，特别是宽带互联网络传播视频节目的服务形式。数字交互电视是集合了电视传输影视节目的传统优势和网络交互传播优势的新型电视媒体，它的发展使传播者与接收者之间形成实时互动，而不像传统媒体那样接收者只能被动接收信息
移动电视	移动电视具有覆盖面广、反应迅速、移动性强的特点，同时也具有传统媒体的宣传和欣赏、城市应急、信息发布等功能。移动电视正是抓住了受众在乘车、等候电梯等短暂的休闲时间进行强制性传播

3. 模式健全

目前新媒体营销主要有五种较为健全的运行模式，如表 1-2 所示。

表 1-2　新媒体营销的运行模式及要点说明

运行模式	要 点 说 明
微博营销	企业只要创造出恰当的话题，再将话题发送到受众群体中就可以，等待受众在话题原始形态和构成上自由发挥、创造，不断扩充其内容
SNS 营销	SNS 全称为 social networking services，即社会性网络服务，指帮助人们建立社会性网络的互联网应用服务；也指社会现有成熟普及的信息载体
网站营销	企业网站是最突出的能够同社会各个层面沟通的一种形态，也是企业所有营销传播的基础。它不仅可以塑造、传达品牌形象，而且可以利用新媒体平台为企业提供更多可控制的传播形态，以传播自己的品牌信息等
视频营销	新生代市场监测机构的调查显示，在网上浏览视频的消费者比例占全部网络用户的36.3%。而互联网电视产品的推出，也让网络视频渗入传统电视终端

续表

运行模式	要点说明
搜索营销	搜索引擎可以帮助网民从大量信息中快速获取所需信息,还能为企业带来巨大的商机。企业可以通过搜索营销增加网站流量,也可以寻找企业伙伴,从而扩大品牌影响力

4. 前景广阔

新媒体涵盖了丰富的内容,多样的传播渠道也使个人成为信息的发布者和传播者,同时也使个人对信息的解读和分析达到了前所未有的广度和深度。通过对社交平台上大量数据的分析,企业对用户需求的了解越来越精准,未来市场越来越广阔。新媒体营销模式也促使企业开始转变营销理念,促进企业营销理念的升级。从长远来看,新媒体被普遍接受并迅速发展是必然的。

(1)媒体传播的碎片化与受众重聚。新媒体的发展演进势必产生两个革命性的突破:①传播方式的转变,即在互联网技术的影响下,单向传播演变成双向传播,每一个信息接收者都有可能变为信息源或者传递者;②移动网络的广泛应用使媒介载体更加多元化、便利化。

(2)新媒体应用的策略与理念转化。新媒体内容及其背后的价值观是受众"碎片化"和"重聚"的重要因素。例如,在传统电视走向双向机顶盒数字电视之后,电视观众不再受时间约束,可以选择回放一周以前的电视剧或者在晚间收看中午播出的新闻节目。从收视率来看,晚间的收视率被分流了,从而表现出"碎片化"的特征。这个分化及重聚的过程显然是基于内容选择的,而这势必催生新媒体营销领域企业应用策略与理念的变化。

1.2.3　新媒体营销的模式

新媒体时代营销模式发生了巨大改变,传统营销方式已难以适应当前社会的发展趋势。新媒体营销具有互动性、娱乐性和精准性等特点,对推动企业营销起到积极作用。

1. 饥饿营销

饥饿营销是指商品提供者有意调低产量,以期达到调控供求关系、制造供不应求假象、维持商品较高利润率和品牌附加值的目的。饥饿营销的最终目的并非提高价格,而是让品牌产生附加值。饥饿营销成功的基础主要有心理共鸣、量力而行、宣传造势和审时度势四个方面。

2. 事件营销

事件营销是企业通过策划、组织和利用具有名人效应、新闻价值及社会影响的人物或事件,引起媒体、社会团体和消费者的兴趣与关注,以期提高企业或产品的知名度、美誉度,树立良好的品牌形象,并最终实现产品或服务的销售的手段和方式。事件营销集新闻效应、广告效应、公共关系、形象传播、客户关系于一体,企业通过把握新闻的规律,传播具有新闻价值的事件,并通过媒介投放和传播安排,让这一新闻事件得以扩散,从而达到营销的目的。当一个事件发生后,这一事件是否具备新闻价值决定了它能否以口头形式在一定的人群中传播。只要事件的新闻价值足够大,它就可以通过适当的途径被新闻媒体发现,或以适当的方式传达给新闻媒体,然后以完整的新闻形式向公众发布。事件营销成功的基础主要有相关性、心理需求、大流量和趣味性四个方面。

3. 口碑营销

口碑营销是指企业努力通过消费者与其亲朋好友之间的交流将本企业的产品信息、品牌信息传播开来的一种营销方式。这种营销方式具有成功率高、可信度强的特点。从企业营销的实践层面分析,口碑营销是企业运用各种有效手段,引发消费者之间对其产品、服务及企业整体形象进行讨论和交流,并激励消费者向其周边人群介绍和推荐的营销方式和过程。借助新媒体营销平台便利的社交分享特点,口碑营销大放异彩。口碑营销成功的基础有发动核心人群、简单而有价值、品牌故事与文化、关注细节和关注消费者五个方面。

4. 情感营销

情感营销是从消费者的情感需要出发,唤起消费者的情感需求,引发消费者的共鸣,寓情感于营销中。情感营销成功的基础有产品命名、形象设计、情感宣传、情感价格和情感氛围五个方面。

5. 互动营销

互动营销是指企业在营销过程中充分参考消费者的意见和建议,用于产品或服务的规划和设计,为企业的市场运作服务。通过互动营销,企业让消费者参与产品及品牌活动,拉近了消费者与企业的距离,让消费者在不知不觉中接受来自企业的营销宣传。互动营销成功的基础有消费者属性、互动内容和渠道,以及反馈机制三个方面。

6. "病毒"营销

"病毒"营销是企业利用公众的积极性和人际网络,让营销信息像"病毒"一样传播和扩散,营销信息被快速复制并传播给数以万计、数以百万计的消费者。"病毒"营销与口碑营销的区别在于"病毒"营销是由消费者自发形成的传播,其传播费用远远低于口碑营销;传播方式主要依托网络,传播速度远比口碑营销快。"病毒"营销成功的基础有独创性、利益点、传播关键点和跟踪管理四个方面。

7. 借势营销

借势营销是指借助消费者喜闻乐见的环境,将包含营销目的的活动隐藏在其中,使消费者在此环境中了解产品并接受产品的营销手段。具体表现为将营销信息植入消费者关注的社会热点、娱乐新闻、媒体事件等,以达到潜移默化地影响消费者的目的。借势营销是一种比较常见的新媒体营销模式,其成功的基础有合适的热点、反应速度和创意策划三个方面。

8. IP营销

IP(intellectual property)原意为知识产权。近年来,凭借内容的丰富和可观的商业价值,IP的含义已超越知识产权的范畴,成为一个现象级的营销概念。IP营销的本质是在品牌与消费者之间建立沟通的桥梁，赋予产品温度和人情味，通过这一沟通桥梁大大降低人与品牌之间和人与人之间沟通的门槛。IP营销成功的基础有人格化的内容、原创性和持续性三个方面。

9. 社群营销

社群营销是指企业把一群具有共同爱好的人汇聚在一起，并通过感情和社交平台连接起来，通过有效的管理使社群成员保持较高的活跃度，为达成某个目标而设定任务，通过长时间的社群运营，提升社群成员的集体荣誉感和归属感，以加深品牌在社群成员心中的印象，增强品牌的凝聚力。社群营销成功的基础有同好、结构、输出、运营和复制五个方面。

10. 跨界营销

跨界营销是指企业根据不同行业、不同产品、不同偏好的消费者之间所拥有的共性和联系，把一些原本毫不相干的元素进行融合，使彼此品牌影响力互相覆盖，并赢得目标消费者的好感。跨界营销成功的基础有跨界伙伴、契合点和系统化推广三个方面。

任务 1.3　新媒体用户与内容定位

1.3.1　新媒体用户定位

随着新媒体的快速发展，各种营销方式层出不穷，越来越多的企业和个人加入新媒体营销的大军。无论是企业还是个人，要想获得竞争优势，都要做好用户定位，这样才能得到用户的认同，提高自身的综合竞争力。

1. 用户定位的认知

用户定位是新媒体营销与运营必不可少的环节，只有了解目标用户，知道用户需要哪些服务，才能更好地进行营销计划的制订与实施，使营销效果最佳。

用户定位主要包括两个方面的内容，一是了解哪些用户是自己的目标用户，二是了解这些目标用户的主要特征。要清楚这些内容，需从两个方面进行分析，包括用户属性和用户行为。

（1）用户属性。用户属性是指用户自身的分类属性，包括性别、年龄、身高、职业、住址等基本信息。这些属性信息的不同可导致用户的收入水平、生活习惯和兴趣爱好的不同，进而影响用户的消费行为。因此，要在开展营销前做好用户属性分析，找到符合自己产品和品牌定位的用户群体，这样才能针对这些用户群体更好地制订销售计划，刺激他们产生消费行为。

（2）用户行为。用户行为由用户意向左右，用户意向是用户选择某种内容的主观倾向，表示用户愿意接受某种事物的可能性，是用户行为的一种潜在心理表现。一般来说，用户行为的影响因素主要有三个,如表 1-3 所示。

表 1-3 用户行为的影响因素及要点说明

影响因素	要 点 说 明
环境因素	环境因素会影响用户意向。如冬季空气污染严重,口罩在该时段的需求就会比其他时段要高很多。又如某热播剧中出现了某款商品,受该热播剧的影响,关注该商品的用户也会急剧增多
商品因素	商品因素主要包括商品的价格、质量、性能、款式、服务、广告和购买便捷性等。例如,在淘宝直播平台中,用户在观看直播的同时可直接购买商品,这比传统视频营销结束后告知用户通过何种渠道购买商品的便利得多
用户个人及心理因素	用户由于经济能力(如购买能力、接受程度)、兴趣习惯(如颜色偏好、品牌偏好)等不同,会产生不同的购买意向,并且用户的心理、感情和实际需求各不相同,也会产生不同的行为动机

由此可以看出,用户行为是不断变化的。要想了解用户行为,就要重视用户信息的收集、分析,并从中发现用户的行为规律,研究用户产生购买行为的原因。

2. 构建用户画像

通过对用户属性与用户行为的分析可以建立基本的用户画像模型,然后将收集和分析的数据按照相近性原则进行整理,将用户的重要特征提炼出来形成用户画像框架,并按照重要程度进行排序,最后进行信息的丰富与完善,即可完成用户画像的绘制。

(1)用户画像的概念。用户画像是表现用户行为、动机和个人喜好的一种图形表示,它能够将用户的各种数据信息以图形化的形式直观展示出来,帮助运营人员更好地进行用户定位。用户画像并非展现每一位用户的信息,而是展示具有相同特征的目标用户群体的共同数据,通过这种画像的方式为这些具有共性的用户贴上一个标签,从而实现数据的分类统计。

(2)用户画像的特点。用户画像具有三个特点,如表 1-4 所示。

表 1-4 用户画像的特点及要点说明

特 点	要 点 说 明
用户画像是现实生活中用户信息特征的描述	利用大数据技术对数据进行分析处理,归纳出能代表用户不同维度的特征标识,这些特征标识能够客观反映用户的社会属性和行为习惯
用户画像可以代表具有共同特征的一类用户	用户画像把用户按照不同的需求、特征区分成若干个不同的群体,然后提炼每个群体的特征
用户画像通过对目标用户的轮廓刻画,实现产品的准确定位	如果服务的目标用户特征明显,体现在产品上就是产品的定位专注、极致,能解决核心问题。用户画像又被称为用户信息标签化,通过这些标签提供给用户需要的东西,真正做到了以用户为中心

(3)用户画像的作用。在新媒体营销领域用户画像常用于精准营销、推荐系统的基础性工作,其作用如表 1-5 所示。

表 1-5　用户画像的作用及要点说明

作　用	要　点　说　明
精准营销	根据历史用户特征,分析产品的潜在用户和用户的潜在需求,针对特定群体,利用短信、邮件等方式进行营销
用户统计	根据用户的属性、行为特征对用户进行分类后,统计不同特征下的用户数量、分布,分析不同用户画像群体的分布特征
数据挖掘	以用户画像为基础构建推荐系统、搜索引擎、广告投放系统,提升服务的精准度

（4）构建用户画像的过程。用户在消费的各个环节产生的数据都能被实时捕获,这些海量数据使获得的用户画像更加精准、实时。获取的用户信息标签模型,可以用于指导业务场景和运营,调整营销策略,使产品服务的推广更具有针对性,提高市场运营效率。具体来说,用户画像的构建过程如下。

① 明确用户画像的构建目的。企业要了解构建用户画像期望达到什么样的运营或者营销效果,从而在标签体系构建时对数据的深度、广度和时效性做出规划。

② 数据采集和筛选。只有建立在客观真实的数据基础上,生成的用户画像才有效。企业需要去除会造成用户画像不准确的干扰因素,筛选出真实、干净的基础数据。

③ 数据预处理。数据预处理包括数据清洗、数据结构化处理、数据合并等基础工作。

④ 数据标签化并赋予其权重。数据标签化能够将原始数据转化为特征,是一项关于转化与结构化的工作,数据标签化时需要与产品的功能与特点相结合,力求做到准确、丰富、立体。

⑤ 生成画像。用户的所有信息转化为标签并得到权重值以后,所有标签合并起来即可组成该用户的完整画像。最终生成的用户画像数据落地入库,每日计算更新。

3. 提供用户服务

经过前面的定位可以基本确定企业面向的目标用户,但这并不代表用户定位就此结束。企业要在用户心中树立独特的形象,还要根据产品和用户需求做好产品服务定位,不仅让企业选择目标用户,还要让目标用户主动选择企业。怎样通过营销表现为用户服务呢? 一是充分了解自己所在行业的情况,了解自家产品的特点,再根据这些情况有针对性地进行产品服务定位,将产品服务定位在目标用户偏好的方面,让目标用户感受到企业的服务与他们的需求是一致的,从而提高用户的认同感和忠诚度。例如,老年手机用户大多视力和听力下降,所以要突出产品音量大、按键大、可手写等特点;针对青少年手机用户,则要突出智能、高清、双卡、大容量等优势。二是从目标用户需求的角度体现服务的差异化,突出与竞争对手的差异,最终打造属于自己的特色服务,在用户心中形成独特的烙印。

1.3.2　新媒体内容定位

在新媒体营销中,内容的表现形式、信息载体和传播方式多种多样,新媒体营销人员应该首先掌握内容营销的概念,并做好内容的定位,使打造出的"内容性"产品真正迎合用户的需求和喜好。

1. 内容定位的含义

内容定位是指利用各种新媒体渠道,如微信公众号、微博、抖音、小红书等平台,通过策划、制作、发布和管理各种形式的内容,以达到吸引受众、提高品牌知名度和影响力、促进销售和转化等目的的一种运营方式。

2. 内容定位的目标

内容定位的目标通常是吸引和保持受众的关注,提高品牌知名度和影响力,促进销售和转化。具体而言,新媒体内容定位可以通过以下五个方面实现目标,如表 1-6 所示。

表 1-6　内容定位的目标及要点说明

目　标	要　点　说　明
吸引受众	通过优质的内容和独特的创意吸引受众的注意力,增加用户的黏性和活跃度
提高品牌知名度	通过在新媒体平台上发布有价值的内容,提高品牌知名度和美誉度,增加品牌曝光率
促进销售和转化	通过精准的定位和营销策略,将潜在客户转化为实际客户,促进销售和营收增长
树立品牌形象	通过新媒体内容运营,塑造品牌形象和价值观,提高品牌的认知度和信任度
增强用户体验	通过不断优化用户体验和互动方式,提高用户满意度和忠诚度,树立用户口碑,加大传播力度

3. 内容定位的原则

对新媒体营销内容进行定位可以帮助新媒体营销人员确定营销方向,在进行新媒体营销内容定位时,需要遵循一定的原则。总体来说,需要遵循的原则如下。

（1）内容风格统一。内容风格统一即文案内容要与企业的产品或品牌的定位相符,就是保持内容风格、用语的统一,提升内容的专业性和可读性。例如,柏翠电器的品牌使命是"为全球消费者提供健康生活电器,促进消费者生活方式的健康转变",因此其微信公众号的内容均是与此相关的主题,如图 1-5 所示。

（2）内容高频输出。内容高频输出是指内容的持续生产能力,一项内容从撰写到成品要花费很多的时间和精力,所以需要想清楚输出的内容是否可以在某一频率时间内持续展现给用户。内容输出的频率非常重要,如果你的内容比竞争对手推出的时间长、更新频率低,那你将不具备竞争优势。例如,微信公众号"冷兔",基本上保持每天发布一期冷笑话,保持了较为高频的输出,如图 1-6 所示为"冷兔"

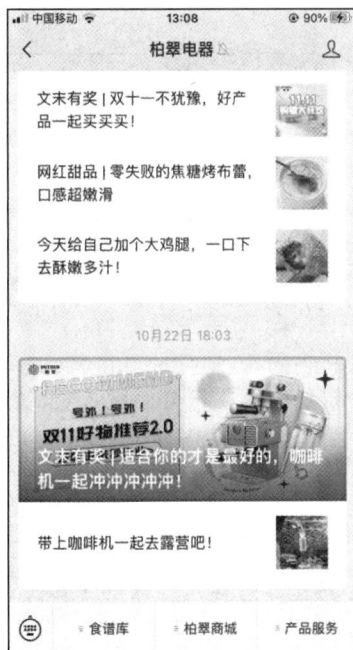

图 1-5　柏翠电器公众号

的公众号页面。

（3）内容要满足用户需求。与产品定位、服务定位一样，内容定位也要从用户需求的角度进行考虑，从用户的需求中挖掘痛点，再以内容的形式展现出来，打动用户。例如，抖音中的"吉视缘来不晚"账号，秉承了"缘来不晚"团队的宗旨，即免费为中老年人相亲交友，所以在其抖音账户中会展示一些相亲的短视频，如图1-7所示为"吉视缘来不晚"的抖音账号页面。

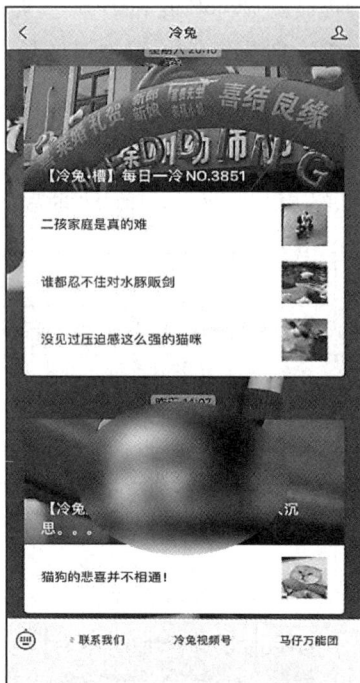

图1-6 "冷兔"的公众号页面　　　　图1-7 "吉视缘来不晚"的抖音账号界面

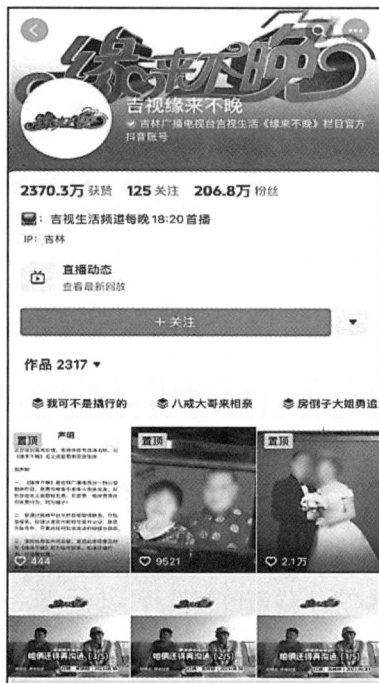

（4）内容要符合营销目的。营销的目的不同，内容写作的方向就不同，呈现给用户的内容侧重点也就不同。如果是以销售产品为目的，那么就要注重引流和转化，选择能够直接引导到产品链接页面的营销平台，并且要在内容中突出目标用户的痛点或者是用户可以获得的好处。例如，蜜雪冰城是一家餐饮企业，其微信公众号除了可以用于点餐购物，还经常发布一些优惠活动，以吸引客户去餐厅消费或利用微信社群进行在线销售，如图1-8所示。

（5）内容要符合运营人员的能力。文案内容不是随便就能写出来的，文案内容的好坏与运营人员的能力密切相关。如果没有对内容的策划、写作和整合能力，即使有再好的点子也没办法呈现出来。

4. 内容定位的流程

新媒体内容营销区别于传统的产品营销，通常需要以内容为载体进行市场推广，加快品牌传播，扩大产品销售。运营人员要实现内容营销，全面、灵活、准确、流行的内容基础和营销策略必不可少。新媒体营销内容定位的流程如下。

图 1-8 蜜雪冰城的微信公众号

（1）圈定目标用户。所谓圈定目标用户，是指缩小企业投注成本的范围，确定具有重要价值的核心目标用户。通常在大范围的目标用户中，只有一定数量的用户才能为企业创造价值，企业需要找出这部分目标用户，缩小成本投入范围，分析其消费方式、习惯以及心理，挖掘用户痛点，针对目标人群制定营销策略，提高推广的精度。例如，vivo 手机主打摄影，其有一句广为人知的广告语——"照亮你的美"，这就圈定了其目标用户是一些爱摄影、爱美的人士，尤其是一些女性，更是对其青睐有加。因此，在其产品发布的时候，也会以此为宣传点，借此触动目标用户群体的"痛点"，如图 1-9 所示。

图 1-9 vivo 新品微博

（2）确定营销方式。合适的营销方式可以使营销效果事半功倍。在进行内容定位前，营销人员应该根据产品和品牌的特点、营销目的和营销途径选择合适的营销方式。例如，江小白酒业的创始人陶石泉表示，每次朋友聚会大家都要喝上一点白酒，但是太高端的酒对于年轻人来说消费不起，而廉价的白酒又感觉上不了台面。于是开发一款"年轻化"白酒的想法在陶石泉的心中开始萌发。既然定位为年轻人，那就不能采用传统的营销方式，最终"江小白"凭借社会化营销方式一炮而红，传遍大江南北。如图 1-10 所示为江小白抖音官方旗舰店。

（3）选择营销媒介和渠道。营销媒介和渠道是扩大营销范围、增强营销效果的有力手段。在新媒体平台中，可选择的平台很多，因此营销人员需要根据具体的营销策略，选择合适的平台或者联合其他平台进行推广。例如，"江小白"品牌的目标人群定位为年轻人，所以选择的营销媒介也是年轻人常用的，如抖音、微信、微博等。如图 1-11 所示为江小白的抖音产品营销。

图 1-10　江小白抖音官方旗舰店

图 1-11　江小白的抖音产品营销

（4）策划内容。即便是好的内容，也需要一定的机遇，营销人员适当在不同时间反复使用、包装内容，可以增加内容的曝光率，吸引更多用户的关注，保持内容在核心目标用户中的曝光度。

（5）打造内容亮点。打造内容亮点是内容定位的核心，能够使内容创造更多产品或品牌价值。在进行营销的过程中，营销人员往往难以保证输出的每项内容都有亮点，但依然要将亮点作为营销的重点。例如，华为手机在宣传其新品手机时，其中一款版本是昆仑玻璃版，主要亮点就是"硬核耐摔"，如图 1-12 所示。

图 1-12 突出亮点内容

（6）设计转化入口。一般来说，用户刚接收信息的时候是转化的最佳时刻，时间间隔越久，入口操作越复杂，用户的转化率就越低。

（7）追踪和反馈效果。根据各项营销效果评价指标的实际表现对营销效果进行评价和判断，再对表现不佳的指标进行优化与改善，从而获得更大的营销价值。

项 目 考 核

一、填空题

1. 新媒体的出现不仅扩大了传播主体，而且带来了海量的_____。

2. _____是进入互联网的入口，是新媒体被人们广泛认知的开始。

3. 用户画像是表现用户行为、动机和个人喜好的一种图形表示，它能够将用户的各种数据信息以图形化的形式直观展示出来，帮助运营人员更好地进行_____。

4. _____是指缩小企业投注成本的范围，确定具有重要价值的核心目标用户。

5. 打造内容亮点是内容定位的_____，能够使内容创造更多产品或品牌价值。

二、判断题

1. 新媒体以网络技术、数字技术和移动通信技术为依托，通过社交网络将亿万用户连接起来，使信息获取和传播更加快速便捷。 （ ）

2. 网络视频是网站所提供的虚拟频道，供网民互动、维系情感及分享资讯，BBS、SNS、聊天室等是其主要表现形式。 （ ）

3. 口碑营销的成功基础有同好、结构、输出、运营、复制五个方面。 （ ）

4. 内容的高频输出是指内容的持续生产能力，一项内容从撰写到成品要花费很多的时间和精力,所以需要想清楚输出的内容是否可以在某一频率时间内持续展现给用户。

（　　）

5.一般来说,用户刚接收信息的时候是转化的最佳时刻,时间间隔越久,入口操作越复杂,用户的转化率就越低。

（　　）

三、简答题

1.简述新媒休营销的特征。

2.简述用户画像的特点。

3.简述构建用户画像的过程。

4.简述内容定位的原则。

5.简述内容定位的流程。

项目 ②

新媒体营销常用技能

学习目标

知识目标

（1）了解新媒体文案认知。

（2）掌握新媒体文案的创意与策划。

技能目标

（1）能够撰写新媒体文案。

（2）能够处理新媒体图片。

（3）能够对新媒体图文进行排版。

素养目标

培养捕捉事物变化趋势的敏感性。

引导案例

"完美日记"新媒体运营与推广

"完美日记"是一个小众国货美妆品牌，于2016年正式成立，2017年在天猫开设了官方旗舰店。在美妆市场由境外美妆品牌占据大份额的情况下，"完美日记"凭借全方位的运营策略异军突起，成为美妆品牌中的新兴势力。"完美日记"在市场调查与消费者分析的基础上，确定了以内容为主导的新媒体运营策略，并通过不同的新媒体平台来进行品牌推广，其中最主要的就是"小红书"这一生活分享平台。"完美日记"入驻"小红书"后，从四个方面进行了品牌和产品推广。第一，自产"笔记"（"小红书"中的内容分享形式），以美观的店铺装修、专业的内容生产、趣味的美妆分享等吸引用户的注意力。第二，邀请普通用户分享自己的使用感受，通过生活化和真实的美妆应用来引起用户的共鸣，增加用户对品牌的信任。第三，联合美妆 KOL(key opinion leader，关键意见领袖，即拥有更多、更准确的产品信息，且为相关用户所接受或信任，并对该用户群体的购买行为有较大影响力的人)发布专业的产品测评和对比，以专业性来增强消费者的购买欲，增加其忠实"粉丝"。第四，邀请"小红书"中热爱分享的女明星推广产品，通过明星的"粉丝"效应和广泛传播力扩大"完美日记"的传播范围。全方位的运营策略打响了"完美日记"新媒体运营的第一战，其用户数量和品牌知名度都得到了提高。

此外，"完美日记"还充分结合其他新媒体平台来加强运营，如在抖音等平台发布短视频。这些短视频平台的用户数量巨大、消费力惊人，且年轻化的用户特征正好符合"完美日记"的主要消费人群定位。通过与带货达人合作，以短视频来展示产品的特点，"完美日记"在美妆市场中的地位越来越稳固。知乎，这个国内相对专业的知识问答平台，也没有被"完美日记"忽略。"完美日记"在知乎上以专业的态度解决了用户对产品功效、实用性等的疑问。同时，邀请美妆达人推广其产品，增加了用户对品牌的信任度。

"完美日记"还邀请了 KOL 带话题发送图文、视频等微博，以专业内容营造热度，然后邀请偶像明星代言，以明星的力量扩大其知名度。全方位的运营使"完美日记"获得了很多忠实用户，其销量也逐年增加。公开信息显示，2019 年"双 11"当天，天猫美妆仅用 1 小时 24 分就打破了 2018 年"双 11"全天的纪录，其中"完美日记"的成交额在"双 11"开始第一个小时就突破亿元，全天成交额更占据美妆类品牌榜首。

案例拆解任务单

实训地点：	教室：	小组成员：

一、任务描述
1. 实训任务：案例拆解。 　　2. 实训目的：了解直播营销相关知识。 　　3. 实训内容：①以小组为单位，分工搜集"'完美日记'新媒体运营与推广"的相关信息；②以"完美日记"为基础，分析如何进行营销推广；③完成一份案例分析报告并制作案例分析汇报 PPT。
二、相关资源
以"'完美日记'新媒体运营与推广"等为关键词，查询与"完美日记"有关的网络资料。
三、任务实施
1. 完成分组：4～6 人为一组，选出组长。 　　2. 围绕该案例，在网络上查询与"'完美日记'新媒体运营与推广"有关的信息并进行整理和分析，然后提交案例分析报告。 　　3. 小组分工撰写汇报 PPT，完成后选出代表进行汇报。
四、任务执行评价

任务评分标准

序号	考核指标	所占分值	评价要点	得分
1	完成情况	20		
2	内容	60		
3	分析质量	20		
总　　分				

任务 2.1 新媒体文案写作

在移动互联网时代,企业营销已从电视、广播、杂志和报纸等传统平台转移到新媒体平台上,文案在企业新媒体营销中的重要性日益突出。

2.1.1 新媒体文案认知

新媒体文案即新媒体平台上一切与文字写作、策划和编辑有关,并且向特定人群发布、反馈的信息。新媒体文案写作与编辑,就是在新媒体平台上精准定位用户,进行创意化设计并呈现传播信息,使其符合受众需求,更容易被受众认可、记住,甚至被再次传播,达到在大范围内塑造品牌形象或者拓宽产品销售渠道的目的。

2.1.2 新媒体文案的创意与策划

新媒体文案的创意与策划主要包括新媒体营销文案写作步骤和新媒体营销文案准备工作两个方面。

1. 新媒体营销文案写作步骤

新媒体营销文案写作步骤主要分为明确账号定位、明确文案写作目的、列文案创意简报、输出文案创意、文案复盘这五步。

(1)明确账号定位。为什么找选题时要先明确账号定位?因为定位是一个账号的顶层设计。明确账号的定位就是确定账号的主攻领域。账号定位越明确、领域越垂直,粉丝就会越精准,商业变现也就越轻松。没有准确的账号定位,就没有选题思路可言,更谈不上与强大对手竞争了。

(2)明确文案写作目的。明确文案写作目的主要是确定写作目标和做好文案选题。

① 确定写作目标。新媒体营销文案人员在写内容时要先确定写作目标,即希望所写的内容达到什么效果。通常来讲,写作目标可以分为四类,如表 2-1 所示。

表 2-1　写作目标的类型及要点说明

类　型	要　点　说　明
自我讲述	围绕个人兴趣进行观察、评论
品牌推广	重在树立品牌形象,打造品牌价值
传达消息	常见的消息类型有时政评论、行业分析、垂直领域资讯等
产品营销	主要是指发布一些营销类软文,提高产品知名度和销量

② 做好文案选题。优质内容生产和传播的前提是要有好的选题。好的选题是成功的一半,好的选题应该具备可读性、价值、信息增量和价值观四大典型特征,如表 2-2 所示。

表 2-2　选题的特征及要点说明

特　征	要　点　说　明
可读性	可读性是选题的卖点，即选题能够引起很多人的关注，并形成广泛传播
价值	只追逐选题的卖点，容易陷入"负面扎堆"的选题环境中。所以，我们必须同时强调选题的价值，即强调一篇文案发出去后会影响多少人、影响什么样的人、影响到什么程度
信息增量	信息增量是文案给受众提供的"欲知""应知""未知"的内容
价值观	新媒体营销文案的选题要传递正确的价值观，不能为了点击率制造虚假信息、散布谣言、发布低俗信息等

（3）列文案创意简报。列文案创意简报是新媒体营销文案写作的重点，主要明确以下三点。

① 对谁说。"对谁说"是进行目标人群分析，明确哪些人是潜在的消费者，这些人具备什么特征，具体包括他们的文化水平、家庭地位、社会角色、职业、年龄、经济环境、个性、爱好、价值观、购买产品的动机等。这些特征越具体，目标人群的定位就越清晰，新媒体营销文案写作就越有针对性，传播效果也就越好。

② 说什么。"说什么"是新媒体营销文案写作的核心。在这个过程中，新媒体营销文案人员要借助 SWOT 分析法、思维导图等工具，与竞争对手对比、与自己以前的产品对比，挖掘产品的卖点；同时要通过头脑风暴、线上线下调研等方式，找到最恰当的卖点呈现方式去说服、感染目标受众，使他们信任己方推出的产品、服务或者品牌，同时能够记住并广泛传播或者发起购买行动。

③ 在哪儿说。"在哪儿说"是根据受众特征和需求、说的内容和方式选择恰当的平台，在合适的时间发布文案。

（4）输出文案创意。在明确了文案写作目的、目标人群、竞争对手以及自身卖点后，新媒体营销文案人员应找到本次文案需要解决的问题，结合媒体投放渠道的特性，再进行创意思考，最后完成文案的写作输出。

（5）文案复盘。复盘即对做过的工作内容再次进行梳理、总结。文案复盘时，新媒体营销文案人员可以通过新媒体平台数据、目标人群反馈对已完成文案的优点和缺点进行总结和分析，将所得经验运用于下一次文案写作中。

2. 新媒体营销文案准备工作

新媒体营销文案准备工作主要包括新媒体营销文案目标人群分析和竞争对手分析。

（1）新媒体营销文案目标人群分析。文案受众不同，写作方法、写作主题和写作语言的运用都不相同。受众分析要明确不同受众的区别，指导新媒体营销文案人员写出更好的、有针对性的文案。如受众是高品位、高收入人群，文案卖点却强调价格低和实用性，那这就是失败的文案。新媒体营销文案人员可以从文化因素、社会因素和个人因素三个方面入手来了解受众，如表 2-3 所示。

表 2-3　新媒体营销文案人员了解受众的因素及要点说明

因　素	要　点　说　明
文化因素	文化是人类需求和行为的基本决定因素,不同国家、地区、性别、年龄阶段的人拥有不同的文化。不同的文化导致了人们在产品选择、价值观念、语言表达等方面都有很大的区别
社会因素	社会因素主要包括家庭角色和社会角色两个方面。不同的家庭角色和社会角色会产生不同的行为。所以在新媒体营销文案策划过程中,新媒体营销文案人员要对受众进行准确定位,定位越准确、越详细,策划的成功率越高
个人因素	个人因素包括受众的年龄、职业、经济环境、地域、个性、生活方式、价值观等。不同的年龄、职业、个性及生活方式等影响着人们的消费方式和消费行为

（2）竞争对手分析。对市场进行调研后,新媒体营销文案的写作分为两种情况:一种是没有直接的竞争对手(在现在市场饱和度较高的情况下,没有竞争对手的情况很少),这时的文案为新产品服务,详细介绍产品特征、全方位展示产品,体现其独特性与"新"的特点就足以吸引受众;另一种则是有竞争对手的情况,这也是常见的情况,这时就需要对竞争对手进行详细分析,查看对方的情况,反思自己的情况,看看对方写了怎样的文案,有什么特点,而自己又该如何回应、策划才能让写出的文案与之平分秋色甚至更胜一筹。

在有竞争对手的情况下,新媒体营销文案写作人员应对对手的文案持一种持续观察与了解的心态,分析其每一次推出的文案的创意点、市场影响力、受众接受度,列出价值点,找到其价值链中的空白,再结合自身文案的优势与劣势,将优势继续保持,将劣势进一步修改、优化,并尽量将对方的劣势转为自己的优势,提高自身的竞争力。

2.1.3　新媒体文案的撰写

新媒体文案撰写主要包括新媒体营销文案的开篇写作、新媒体营销文案的正文写作和新媒体营销文案的结尾写作。

1. 新媒体营销文案的开篇写作

（1）常见的新媒体营销文案开篇方式。怎样才能把新媒体营销文案的开篇写得引人注目呢? 常见的新媒体营销文案开篇方式有四种,如表 2-4 所示。

表 2-4　常见的新媒体营销文案开篇方式及要点说明

开篇方式	要　点　说　明
故事型	故事型开篇,就是开篇讲述一个引人入胜的小故事,用叙述性的语言把情节表述清楚,然后由这个故事引出与正文内容最相关的一种要素
言论型	言论型开篇,通常在开篇时放出大胆、有争议的言论,并附上一些背景。有时文案人员也会在抛出有争议的言论后附上"但真相是……"作为反转
简洁型	简洁型开篇,即开门见山,首句立意,简洁精炼,富有概括力。如果标题已经写得很明白,那么开篇即可一笔带过,用一句话点题
思考型	思考型开篇,通常以问句的形式出现,通过向受众提问,引导受众带着问题阅读后文

（2）常见的新媒体营销文案开篇写作技巧。如果受众被标题吸引进来却发现开篇平淡无奇，就会产生一种受到欺骗的感觉，从而退出当前页面。怎样才能写出一个精彩的开篇，从而留住受众呢？新媒体营销文案开篇写作技巧及要点说明如表 2-5 所示。

表 2-5　新媒体营销文案开篇写作技巧及要点说明

开篇写作技巧	要 点 说 明
开门见山	直截了当，直奔主题，不拖泥带水，直接说明文案主题。这种写作方法常以标题为立足点进行直接阐释，避免受众产生落差和跳脱感。若标题为疑问句，开篇则可以直接回答标题的问题
内心独白	把内心的真实想法表露出来。移动互联网时代人与人之间的交流是隔着网络、有距离的交流，有时候内心独白反而能拉近人与人之间的距离，打动人心
以新闻热点引入	在文案开篇使用新闻热点话题吸引受众注意
利用故事	文案开篇使用故事进行导入，使用富有哲理的小故事或与要表达的中心思想相关的小故事作为开篇，一句话揭示道理；还可以直接写故事，然后在其中进行商业植入
借用权威	通过借用"权威"的影响力，引领文案内容，将其与文案主题相融合，凸显文案的主旨及情感。这种写作方法既能吸引受众，又能提高文案的可读性
设置悬念	在文案开篇设置一个疑问或矛盾冲突，使受众产生某种急切期待和关心心理。设置悬念的效果与利用故事的效果有点类似，也比较重视故事的作用
直接下结论	直接在文案开篇得出结论，再通过正文推出论据，证明开篇的结论。这种开篇的好处是文案中心清晰、观点鲜明，受众一下子就能知道文案表达的意思
运用修辞手法	修辞手法有很多，包括排比、比喻、夸张、反问、设问等。修辞手法的运用可以让文案开篇更加生动

2. 新媒体营销文案的正文写作

（1）常见的新媒体营销文案正文类型。常见的新媒体营销文案正文类型及要点说明如表 2-6 所示。

表 2-6　常见的新媒体营销文案正文类型及要点说明

正文类型	要 点 说 明
直接式	直接叙述，不拐弯抹角，不故弄玄虚，一般直接展示商品的特点或能给受众带来的好处
递进式	正文中材料之间的关系是层层推进、纵深发展的，后面材料的表述只有建立在前一个材料的基础上才能显出意义。通常故事体、对话体的表述方法采用的就是这种结构形式
并列式	材料之间的关系是并行的，前一段材料与后一段材料位置互换并不会影响文案主题的表达
三段式	比较适合软文型文案的写作。第一段是用列举的方法或一段话来浓缩全文的销售语言；第二段则是解释销售语言中的卖点或者将销售语言展开描述，这时可运用要点衍生法；第三段是最后一段，主要任务是让受众马上行动，一般是强调产品的某些独特优势，点明前面阐述的销售语言或卖点能给受众带来什么直观的效果

续表

正文类型	要点说明
对比式	在新媒体营销文案中常使用对比的方法将不同事物的相似方面进行比较,或者将同一事物前后的不同进行比较,突出该事物的特点和作用
瀑布式	分为瀑布式故事架构与瀑布式观点架构。瀑布式故事架构,先点明故事核心要素,接着按照顺序把故事的起因、经过、结果等讲明白。瀑布式观点架构,先提出观点,指出某观点"是什么",接下来分析"为什么"和"怎么办",逐层推进,说明问题。瀑布式架构可以采用数字化和体验化等表现形式,突出观点

（2）常见的新媒体营销文案正文写作技巧。新媒体营销文案的写作目的是用"最容易理解的方式"来传达商品的好处。有了标题和开篇的吸引和引导后,文案的正文需要对商品进行详细的描述。当然,描述的方式有很多种,技巧也各有不同。常见的新媒体营销文案正文写作技巧及要点说明如表 2-7 所示。

表 2-7　常见的新媒体营销文案正文写作技巧及要点说明

正文写作技巧	要点说明
简单直接	新媒体营销文案是为了提高页面传达效果、提升用户体验、传递关键信息给读者,所以文案的内容应该直击读者内心
制造悬念	悬念式的营销可以借助悬念引发关注,使市场利益最大化。对于新媒体营销文案来说,制造悬念就是要提炼一到两个核心卖点,并按一定顺序慢慢展现卖点
礼品促销	如今新媒体营销常见的做法莫过于送读者各种"礼",以最大的促销让利刺激读者在最短的时间内下单,从而提高新媒体营销的整体销量
情感动人	"言有尽而意无穷"是古诗词中用于表达语言描述能达到的最高境界,对于新媒体营销文案来说也一样,新媒体营销文案要尽可能使用精练的语言,抓住读者的内心需要,从而达到最好的营销效果
剑走偏锋	特殊商品文案的创作需要剑走偏锋,从另一个角度进行解读。对于这类商品,经常可以通过故事进行文案创作,也可以使用各种手段"包装"这个故事,在讲故事时可以诙谐一点、幽默一点,达到吸引读者的目的
层层递进	文案的描写必须逻辑清晰、层层递进、环环相扣,从细节到整体,每一层都有吸引读者的实质内容,这样才能激起读者的购买欲
诙谐幽默	幽默的文案能够留住读者,让目标客户变成消费客户。在这个人人都面临各种压力的社会,幽默是缓解压力的最好方式之一

3. 新媒体营销文案的结尾写作

（1）常见的新媒体营销文案结尾类型。常见的新媒体营销文案结尾类型有点题式、互动式、名言警句式、神转折式和引导行动式五种,如表 2-8 所示。

表 2-8　常见的新媒体营销文案结尾类型及要点说明

结尾类型	要点说明
点题式	点题式结尾就是在文末总结全文，点明中心。有的文案在开篇和正文只对有关问题进行阐述和分析，只叙述过程，到结尾时才将意图摆到明面上来
互动式	在结尾设置话题（一般是以提问的方式），吸引受众参与，引发受众的思考及参与性
名言警句式	用名言警句或其他"金句"结尾的文案可以帮助受众更深入地领悟文案思想，引起受众共鸣，提升他们对文案的认同感
神转折式	神转折式的结尾就是用出其不意的逻辑思维，使展示的内容和结局形成一种转折关系，达到出人意料的效果。它能将正文塑造的气氛转变得干净利落，让人哭笑不得
引导行动式	这种方法也可以称为动之以情式，就是从感情上打动对方，让这款产品有温度、有情绪

（2）常见的新媒体营销文案结尾写作技巧。常见的新媒体营销文案结尾写作技巧及要点说明如表 2-9 所示。

表 2-9　常见的新媒体营销文案结尾写作技巧及要点说明

结尾写作技巧	要点说明
融入场景	结尾融入场景，更容易打动人心。在设计结尾场景时，最重要的就是截取合适的场景，最好是受众生活中的画面
善用"金句"	"金句"可以帮助受众悟出文案的核心，并引起受众共鸣，所以结尾带有"金句"的文案被转发的可能性会更大
巧妙发问	在结尾处提问，通过提出一个引人深思、能激发读者兴趣的问题，引起读者进行评论、分享观点或展示进一步思考

任务 2.2　新媒体图片处理与图文排版

要做好新媒体运营，绝对不是一件简单的事情，新媒体运营人员必须有极强的能力并且掌握多方面的技能。总而言之，新媒体运营人员应当掌握新媒体图片处理技能与图文排版技能。

2.2.1　新媒体图片处理

新媒体运营所用到的图片有多种形式，常见的包括封面图、信息长图、九宫图、GIF 动图等。下面分别对这些图片的处理技能进行介绍，帮助新媒体运营人员掌握不同类型图片的设计方法，提高综合运营能力。

1. 封面图

新媒体封面图主要有两种表现形式：第一，直接使用图片作为封面图；第二，将添加文字以突出文章主题的图片作为封面图。在制作封面图之前,新媒体运营人员需要确定制作平台,熟悉制作要求,这样才能制作出吸引用户点击的封面图。

制作封面图可以使用各种工具软件,如 Photoshop、美图秀秀、PPT 等,但使用工具软件制作封面图一般会花费大量的时间,这里介绍一种更加方便快捷的方法,即通过在线平面设计工具(如"创客贴"等)中已有的模板来快速制作封面图,下面以"创客贴"为例制作一张销售性质的微信公众号封面图,具体操作如下。

(1)登录"创客贴"网站,单击左侧"模板中心"按钮,在"分类"中单击"新媒体"按钮,在"场景"中单击"公众号首图"按钮,在"用途"中单击"市场营销"按钮,在"行业"中单击"餐饮美食"按钮,如图 2-1 所示。

图 2-1　模板中心

(2)单击选中的模板,然后选中模板中需要修改的对象,这里选择奶茶的图片,按 Delete 键删除。

(3)单击左侧"上传"按钮,然后单击"上传素材"按钮,选择需要上传的图片(素材文件-第 2 章-封面图),然后单击"打开"按钮,如图 2-2 所示。

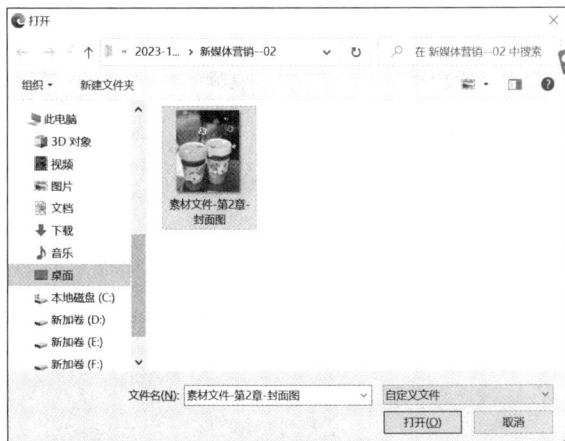

图 2-2　上传封面图

（4）将上传的图片拖动到之前删除后的空白位置，完成图片的替换，效果如图 2-3 所示。

图 2-3　替换图片

（5）单击文本框并修改其中的文字，如图 2-4 所示。

图 2-4　修改文字

（6）单击左侧"背景"按钮，选择需要的背景，完成后，单击"下载"按钮即可，如图 2-5 所示。

图 2-5　最终效果图

2. 信息长图

信息图常用于对某件事情的来龙去脉进行详细解说，帮助用户更加直观地查看内容，而信息长图就是指长度更长的信息图。图 2-6 所示为常见的信息长图。

图 2-6   常见的信息长图

3. 九宫图

九宫图即由九个方格组成的一个完整图形,这九个方格中的每一个方格都可以放置图片,便于新媒体运营人员在新媒体运营与推广的过程中发挥更多创意。特别是对于移动端来说,九宫图几乎占据了整个版面,是一种快速吸引用户注意力的配图方式。

设计九宫图时,既可以将一张图切割为九个部分,上传后使其显示为完整的一张图片,也可以在每个格子中放置不同的图片,以展示不同的内容。目前,第二种方法使用较多,且对每张图片的限制较少,还可以放置动图、长图等,以丰富图片的类型并展示更多的内容。但要注意,九宫图的每一张图片的最佳显示比例为 1∶1,在制作九宫图前需要将图片裁剪为正方形。

4. GIF 动图

GIF 动图也就是将多张图像一帧一帧串联起来,形成一种动起来的效果。制作 GIF 动图的方法很多,下面介绍一些简单制作 GIF 动图的方法,如表 2-10 所示。

表 2-10   制作 GIF 动图的方法及要点说明

方　　法	要　点　说　明
录制 GIF 动图	通过一些工具软件(如 LICEcap、GifCam 等)可以直接录制计算机屏幕中的画面为 GIF 动图
截取视频中的动态画面	电影、视频中的画面本身就是动态的,通过 LICEcap、GifCam、Screen To Gif、Ulead GIF Animator 等工具软件可以直接截取其中的动态画面存储为 GIF 动图

续表

方　　法	要　点　说　明
手机软件制作 GIF 动图	在手机软件商店中搜索关键词 GIF，可以找到各种 GIF 制作软件，使用这些软件制作 GIF 动图非常方便

2.2.2　新媒体图文排版

新媒体图文排版是图片与文字的排列美学。新媒体图文的视觉呈现效果是否良好，将直接影响用户的阅读体验。新媒体运营者应熟练掌握图文排版技能，善于突出关键信息，以及把握图文的整体呈现效果。

1. 基础排版

基础排版即文字排版，这是一项综合性技能。新媒体运营者在微信公众号、微博、今日头条、小红书等新媒体平台发布文字内容时，需要综合考虑多种因素，方可设计出最优的排版方案。此处以微信公众号文章为例，详细介绍新媒体内容的基础排版构成要素及排版技巧，如表 2-11 所示。

表 2-11　新媒体内容的基础排版构成要素及排版技巧

要　　素	排　版　技　巧
字体	每种字体都有固有的风格。新媒体运营者需要综合考虑图文内容、发布渠道、产品风格、字体的易识别性等因素。使用多种字体时，字体的类型不应超过三种，否则容易使内容显得花哨和杂乱
字号	微信公众号文章中让用户感觉舒适的字号为 15px，该字号应用较广，但新媒体运营者仍需根据文章的具体要求自行设置合适的字号
颜色	文章内容中的颜色主要包括字体颜色和背景颜色。一方面，恰当的背景颜色有助于突出内容；另一方面，不同的颜色带给用户的视觉体验不同，恰当的字体颜色可以起到营造阅读氛围的作用
字间距	调整字间距的主要目的是确保字符之间的空间美感，创建优美的文本序列。合适的字间距可以产生更好的设计效果
行间距	大部分应用的系统默认行间距为单倍行距，但是单倍行距的正文容易显得拥挤，建议新媒体运营者将正文的行间距设置为 1.5 倍或 1.75 倍
段间距	合理的段间距便于用户有效区分上下段，并形成阅读缓冲区，减少大段文字带给用户的阅读压迫感
页边距	页边距是指页面中文字两端与页面边缘之间的距离。恰当的页边距能够形成视觉上的留白与平衡效果
对齐方式	对齐方式应符合用户的阅读习惯。四种常见的对齐方式为左对齐、居中对齐、右对齐和两端对齐

2. 图文排版

图文的合理组合可以使文章内容更加有趣与生动,也有利于提升文章的吸引力。但图文不能随意组合,图文排版应遵循一定的排版技巧与美学常识。图文排版主要分为单图配文与多图配文两种情况。

(1)单图配文。单图配文是常见的图文排版方式,单图拥有更好的主视觉传达效果,内容整体显得更为简洁、明晰。

新媒体运营者在使用单图配文时,应考虑图片本身的宽高比例。一般而言,上图下文的方式更符合用户的阅读习惯。但是,如果是高度大于宽度的竖版图片,则不适宜使用上图下文的排版方式,而应将竖版图片放置于文字的左侧或右侧,以使页面的格局更为自然。新媒体运营者采取左图右文或右图左文的方式,可以让用户快速了解图片与文字的对应关系。

(2)多图配文。相较于单图配文,多图配文的排版更加复杂。如果运用不当,多图配文的方式反而容易使内容显得杂乱无章、毫无美感。新媒体运营者可以尝试使用以下三种多图排列方式为多图配文内容增加美感,如表 2-12 所示。

表 2-12 多图排列的方式及要点说明

方 式	要 点 说 明
多图整齐排列	整齐排列的图片具有秩序感,是最普通且最容易营造良好视觉效果的多图排列方式。新媒体运营者只需注意使图片大小和图文排版风格保持一致
多图对比排列	新媒体运营者使用这一排列方式时,可以选用多张大小不一的图片,在留白处插入文字内容,以营造一种对比突出和错落有致的视觉效果。多图对比排列需要考虑版面的整体重心,不宜使用较大的图片,也不宜将图片与文字集中放置页面同一侧,否则会导致画面失衡,丧失美感
多图错位排列	多图错位排列是将同类型的图片刻意错开位置,或者将图片与文字的位置互换,给用户以突破格局的创意与动感。为了避免对用户的阅读造成负面影响,多图错位排列设计需要遵循统一的视觉规律,以保证用户正常的阅读顺序

3. 常用的排版工具

精美的图文排版不仅可以为受众提供良好的阅读体验,还可以提高新媒体作品的格调。因此,新媒体创作者需要掌握一些常用的图文排版工具,以提升工作效率。目前,常用的新媒体图文排版工具有 135 编辑器、壹伴、秀米、新媒体管家等。

(1)135 编辑器。135 编辑器是提子科技旗下的运营辅助产品,其主要功能为图文内容排版,主要使用场景为微信公众号图文排版、邮件排版等。除此之外,135 编辑器还可以对接其他新媒体平台,如百家号、头条号(有一定概率产生图文内容不兼容的问题)。该款编辑器的优点在于提示较多、易操作,延伸功能较为全面,如编辑器有多种样式的模板、丰富的图片素材等,并提供一键配图等自动化功能。135 编辑器首页如图 2-7 所示。

(2)壹伴。壹伴是一款计算机端的微信公众号内容管理插件。安装该插件后,新媒体运营者即可直接在微信公众号后台使用插件提供的功能,无须跳转至第三方编辑器。新媒体运营者可以使用壹伴快速完成微信文章的一键排版、样式素材搭建,还可以进行修

图 2-7　135 编辑器首页

图、配图，找表情包、找素材，批量回复消息，采集文章、图片和视频等操作。壹伴的大部分功能需要付费使用，新媒体运营者可以酌情选用。壹伴首页如图 2-8 所示。

图 2-8　壹伴首页

（3）秀米。秀米是一款专业的新媒体编辑工具，可以为微信公众号、头条号、微博等多个平台提供图文排版服务，内含多种风格的排版模板，用户也可以自行创建新的图文版式。另外，秀米还可以生成长图与贴纸图文，并把编辑好的图文设置成样刊。秀米首页如图 2-9 所示。

（4）新媒体管家。新媒体管家是一款辅助管理多家新媒体平台账号的插件，支持微信公众平台、头条号、微博、百家号、知乎、大鱼号、企鹅媒体平台、一点资讯、搜狐开放平台、网易媒体平台、简书等多家新媒体平台，还支持多个账号一键登录。另外，新媒体管家还针对微信公众平台进行了十几项功能优化，能够让用户直接在微信公众平台后台完成文章的编辑、找图、修图和排版等操作。新媒体管家首页如图 2-10 所示。

图 2-9　秀米首页

图 2-10　新媒体管家首页

项 目 考 核

一、填空题

1. 明确文案写作目的主要是确定写作目标和做好_____。

2. 好的文案选题应该具备可读性、价值、_____和价值观四大典型特征。

3. 基础排版即_____,这是一项综合性技能。

4. 文章内容中的颜色主要包括字体颜色和_____。

5._____是将同类型的图片刻意错开位置,或者将图片与文字的位置互换,给用户以突破格局的创意与动感。

二、判断题

1.悬念式的营销可以借助悬念引发关注,使市场利益最大化。 （   ）

2.文案复盘时,新媒体营销文案人员可以通过新媒体平台数据、目标人群反馈对已完成文案的优点和缺点进行总结和分析,将所得经验运用于下一次文案写作中。 （   ）

3.新媒体营销文案的选题要传递正确的价值观,不能为了点击率制造虚假信息、散布谣言、发布低俗信息等。 （   ）

4.微信公众号文章中让用户感觉舒适的字号为17px,该字号应用较广。 （   ）

5.壹伴是提子科技旗下的运营辅助产品,其主要功能为图文内容排版,主要使用场景为微信公众号图文排版、邮件排版等。 （   ）

三、简答题

1.简述新媒体营销文案写作步骤。

2.简述新媒体营销文案开篇写作技巧。

3.简述常见的新媒体营销文案结尾类型。

4.简述制作 GIF 动图的方法。

5.简述多图排列的方式。

项目 3

微信营销

学习目标

知识目标

（1）了解微信营销的定义。

（2）熟悉微信营销的特点。

（3）掌握微信营销的优势。

技能目标

（1）能够进行微信朋友圈营销。

（2）能够对微信个人号进行营销。

（3）能够对微信公众号进行营销。

素养目标

增强文化自信，弘扬中华传统文化。

引导案例

支付宝微信公众号营销

支付宝微信公众号的营销具有典型的微信营销特征。支付宝微信公众号的账号直接以其品牌名称"支付宝"命名，账号头像则使用品牌标志（logo），塑造了统一的、便于用户识别的支付宝公众号品牌形象。

当用户关注支付宝微信公众号后，公众号会自动回复用户"山无棱，天地合，都不许取关！想了解支付宝生态的朋友，关注支付宝开放平台"，菜单栏以"故事会""新服务""天下无贼"等表现其个性化，如图3-1所示。这充分体现了支付宝微信公众号个性化、人格化、幽默风趣的风格定位，与其他严肃的、中规中矩的微信公众号形成了差异，更加符合当前新媒体环境下用户对个性化的追求。

进行内容运营时，支付宝微信公众号在保持个性化、幽默风趣定位的基础上，也不乏与用户的真实情感交流。支付宝微信公众号的运营是一种场景化社交运营，倡导熟人社交，即

图 3-1　支付宝微信公众号

支付宝将用户当作朋友，而不是冷冰冰的陌生人，通过个性化的定位与互动手段加深用户对支付宝品牌人格化的印象，拉近用户与品牌的距离，更好地实现了用户和品牌的连接。

除了微信公众号，微信个人号也是微信运营的主要阵地。与微信公众号拥有广泛的用户群体相比，微信个人号主要针对朋友圈，但二者要实现良好的运营，都需要通过微信的及时性、个性化和互动性等优势来维系已有用户，巩固用户对品牌的忠诚度，以不断扩大影响力，让老用户带来新用户。

案例拆解任务单

实训地点：	教室：		小组成员：	
一、任务描述 　1. 实训任务：案例拆解。 　2. 实训目的：了解微信营销相关知识。 　3. 实训内容：①以小组为单位，分工搜集"支付宝微信公众号营销"的相关信息；②以"支付宝"为基础，分析如何进行营销推广；③完成一份案例分析报告并制作案例分析汇报 PPT。				
二、相关资源 　以"支付宝微信公众号营销"等为关键词，查询与"支付宝"有关的网络资料。				
三、任务实施 　1. 完成分组：4～6 人为一组，选出组长。 　2. 围绕该案例，在网络上查询与"支付宝微信公众号营销"有关的信息并进行整理和分析，然后提交案例分析报告。 　3. 小组分工撰写汇报 PPT，完成后选出代表进行汇报。				
四、任务执行评价				
<p align="center">**任务评分标准**</p>				

序号	考核指标	所占分值	评价要点	得分
1	完成情况	20		
2	内容	60		
3	分析质量	20		
总　　分				

任务 3.1　微信营销认知

微信已经渗透到人们的生活和工作，这也让微信从一个沟通工具升级成一个"生态圈"。企业或个人利用微信朋友圈推广产品，获得收益；利用微信订阅号传播理念，推广品牌；利用微信平台提供服务，吸引用户等。

3.1.1　微信营销的定义

微信营销是以微信为传播媒介的营销方式,结合了线上的"病毒"式营销和线下的广播式营销,其主要目标群体是广大的微信用户。微信营销主要指在安卓系统、苹果系统手机或者平板电脑的移动客户端进行的区域定位营销,商家通过微信公众平台展示商家微官网、微会员、微推送、微支付、微活动,已经形成了一种主流的线上线下互动的营销方式。

3.1.2　微信营销的特点

微信营销有点对点精准营销、营销形式灵活多样、利用强关系产生价值和"病毒"式营销四个特点。

1. 点对点精准营销

微信拥有庞大的用户群,借助移动终端、社交网络和位置定位等优势,每条信息都可以推送,能够让每位用户有机会接收到这条信息,继而帮助商家实现点对点精准化营销。

2. 营销形式灵活多样

微信营销形式众多主要得益于微信软件丰富的功能,漂流瓶、摇一摇、附近的人、二维码、公众平台和开放平台都可以成为微信营销的途径。如漂流瓶,用户可以发布语音或者文字,然后投入"大海"中,如果有其他用户"捞"到则可以展开对话。

3. 利用强关系产生价值

微信的点对点产品形态注定了其能够通过互动的形式将普通关系发展成强关系,从而产生更大的价值。通过互动的形式与用户建立联系,互动形式就是聊天,可以解答疑惑、可以讲故事甚至可以"卖萌",用一切形式让企业与消费者形成朋友关系。你不会相信陌生人,但是会信任你的"朋友"。

4. "病毒"式营销

"病毒"式营销也叫口碑营销,是一种建立在用户关系上利用口口相传来实现品牌传播目的的一种营销模式。微信用户数量的急剧增加,使其形成了规模庞大的交友圈。利用这一特点,营销人员在自己的公众平台上为关注用户提供足够有价值的资讯和服务,就能在关注者中形成良好的口碑,塑造良好的品牌形象。关注者会成为所关注品牌的忠实粉丝,并在自己的朋友圈子里向好友推荐该品牌,以帮助品牌营销人员实现品牌营销的目的。

3.1.3　微信营销的优势

微信营销是一种新型的互联网营销方式,不少企业和个人都从中获得利益,发展前景非常值得期待。相对于一些传统的互联网营销,微信营销又有哪些优势呢?

1. 拥有庞大的腾讯用户基数

数据资料显示，微信推出后一年多时间，微信的用户数达到了 7 亿人，发展速度堪称恐怖。毫无疑问，微信已经成了当下最火热的互联网聊天工具。我们相信，微信的用户数会持续增加，发展空间非常广阔。

2. 实现了大众化

随着智能手机越来越普及，微信已经慢慢从高收入群体走向大众，占据中国移动应用（App）用户数排行榜第一的位置。

3. 信息交流的互动性更加突出

虽然前些年火热的博客也能和粉丝互动，但是并不及时，除非你能天天守在计算机前。微信就不一样了，微信具有很强的互动即时性，不论你在哪里，只要你带着手机，就能很轻松地同你的客户进行很好的互动。

4. 人工微信客服的优势凸显

很多企业把微信当作移动微博，总是一味在向客户传达信息，而没有认真关注客户的反馈。有互动功能的，也只是在微信后台设置一些快捷回复，这种缺乏人性化的沟通方式极大破坏了客户体验，当客户的咨询无法得到满意回复时，他们唯一的选择就是取消关注。而人工微信客服的核心优势就是实现了人与人的实时沟通，此时客户面对的是一个个专业的、服务质量优秀的客服人员，对于客户的咨询可以给出满意的回复。

任务 3.2　微信营销的应用

微信作为新媒体时代的典型代表，为个人和企业的新媒体运营市场开辟了广阔的空间。个人和企业要想在新媒体环境下获得更多的关注，实现更好的运营效果，必须掌握微信营销。

3.2.1　微信朋友圈营销

有了一定数量的好友后，就可以在朋友圈发布内容进行营销，树立个人形象或品牌形象并引流。发布微信朋友圈的具体步骤如下。

（1）打开微信 App，点击下方"发现"按钮，然后点击"朋友圈"按钮，如图 3-2 所示。

（2）点击右上角◎按钮，然后点击"从手机相册选择"按钮，选择需要发布的内容，如图 3-3 所示。

（3）选择完成后，点击"完成"按钮，如图 3-4 所示。

图 3-2 点击"朋友圈"按钮

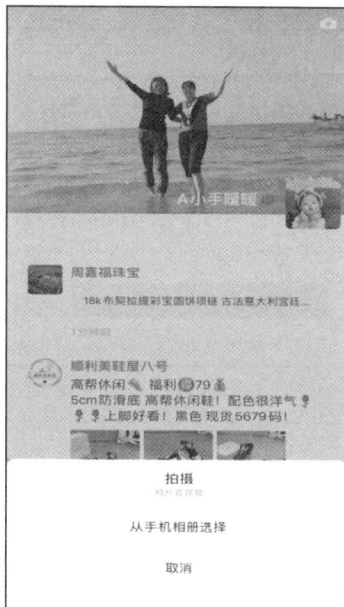

图 3-3 点击"从手机相册选择"按钮

（4）编辑文字，添加"所在位置"，设置"提醒谁看""谁可以看"，然后点击右上角"发表"按钮，即可发布朋友圈，如图 3-5 所示。

图 3-4 点击"完成"按钮

图 3-5 发布朋友圈

运营人员发布朋友圈时要注意运营策略，不能天天刷屏或发广告，这样很容易导致好友流失，无法带来良好的运营效果。微信朋友圈营销需要注意以下三点，如表 3-1 所示。

表 3-1　微信朋友圈发布运营内容需要注意的方面及要点说明

方　面	要点说明
在生活分享中植入广告	采用生活分享的方式进行运营，会给好友一种亲切、自然的感受，让他们在不知不觉中认可你所分享的信息，达到软推广的目的，同时也有利于树立所运营账号的形象，让用户觉得运营人员是一个有生活情调的人
分组发布	高成交率来源于精准的定位，朋友圈广告的分组发布非常重要，可以将广告推送给合适的人群
巧用热度	互联网时代，热点新闻、热门"段子"的传播速度非常快，借其热度进行朋友圈内容的写作可以有效吸引流量

3.2.2　微信个人号营销

微信个人号是微信营销的重要组成部分。个人通过微信个人号的营销可以建立个人品牌，企业运营人员可以通过微信个人号的营销宣传企业信息并为企业带来更多潜在用户。

1. 微信个人号的形象打造

微信个人号的打造通常包括微信昵称、微信头像、个性签名等。做好这几方面，除了能让别人快速记住你，还能让别人对你产生信任。

（1）微信昵称。好的名字，就是要让别人一看你的微信，就能知道你是做什么的。通常我们在起名字的时候要遵循简单、真实、好记的原则。取名大忌有用生僻字、非主流、前面加图标、经常改名、名字里加电话号码。微信昵称的创建需要遵循以下三个原则，如表 3-2 所示。

表 3-2　微信昵称创建的原则及要点说明

原　则	要点说明
简单明了	拼写简单，不使用繁体字、生僻字、外国文字等
品牌一致	如果运营人员在多个新媒体平台开展了运营，其微信个人号昵称应与其他新媒体平台中的昵称保持一致
标签识别	在昵称后添加标签可以方便用户对号入座，使用户在看到该昵称时快速产生记忆或联想，增加昵称的曝光率

（2）微信头像。让客户成为粉丝且能够记住你的最重要的标识就是你的微信头像。要让看到自己微信头像的人产生好感，特别是潜在客户。头像是个人形象的第一次视觉展示，因此在设置头像时建议用本人的真实照片。最好是带着笑脸的。微笑的照片具有很强的感染力，大家会更愿意与你交流谈心，继而建立信任。设置头像的原则及要点说明，如表 3-3 所示。

表 3-3　设置头像的原则及要点说明

原　则	要 点 说 明
清晰自然	真实清晰的图片有助于凸显专业性,给用户带来安全感和信任感,如果使用个人照片做头像,应保证背景干净,人物突出,有明显的色彩对比。如果使用具有代表性的图片或公司标志为头像,则应保证图片裁剪合理、比例适宜
专业匹配	用于运营的微信个人号头像不仅直接影响用户的第一印象,还与个人的专业度、品牌形象挂钩,因此建议选择与自己的专业或职业贴近的风格

值得注意的是,头像最忌的是不相关、性别不分、低俗、暴力。千万不要直接拿产品的图片做头像,这样会把人吓跑。设置头像时一定要用与产品或与本人相关联的照片。

（3）个性签名。微信个性签名主要用于展示个人的个性特点、情感态度等,风格上并没有严格的要求,可以专业严谨,也可以轻松幽默,原则上不宜直接使用僵硬直白的广告,否则不仅容易影响好友申请通过率,还会给人留下不好的第一印象。

个性签名要能反映你所从事的职业和思维状态,彰显个人魅力和个性。所以要选择具有正能量、引人入胜的语句或座右铭,或者积极向上的励志语录,这样更能吸引人关注。

2. 微信好友添加

微信好友的数量是微信个人号营销的基础,微信好友直接影响微信运营的最终效果和范围,因此,要想更好地运营微信个人号,微信好友的添加必不可少。微信好友的添加主要有通过手机通讯录添加好友、通过扫描二维码添加好友和通过微信发现添加好友三种方式。

（1）通过手机通讯录添加好友。一般来说,手机联系人是营销人员的原始人脉,已经有过基本的接触和交流,将其添加为微信好友将更方便管理和维护。将手机通讯录中的联系人添加为好友的具体操作步骤如下。

① 进入微信页面,在右上角点击⊕按钮,在打开的列表中点击"添加朋友"按钮,如图 3-6 所示。

② 点击"手机联系人"按钮,如图 3-7 所示。

③ 点击"上传通讯录找朋友"按钮,即可添加通讯录好友,如图 3-8 所示。

（2）通过扫描二维码添加好友。每一位微信用户都有一个专属于自己的二维码,通过扫描该二维码即可添加好友。为了便于好友的添加,名片、图片、网页等地方都可以放置自己的二维码,方便其他用户扫描。查看二维码的具体操作步骤如下。

① 进入微信页面,在右下角点击"我"按钮,在打开的页面中点击微信头像、微信名或微信号任意一个选项,即可进入"个人资料"页面,如图 3-9 所示。

图 3-6　点击"添加朋友"按钮

图 3-7　点击"手机联系人"按钮

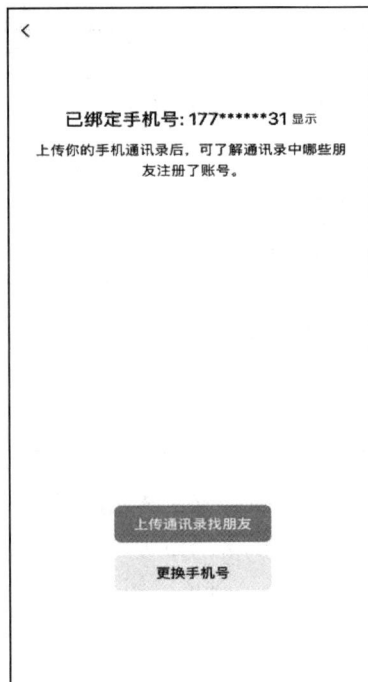

图 3-8　点击"上传通讯录找朋友"按钮

② 在"个人资料"页面，点击"我的二维码"按钮，即可查看用户专属的微信二维码，如图 3-10 所示。

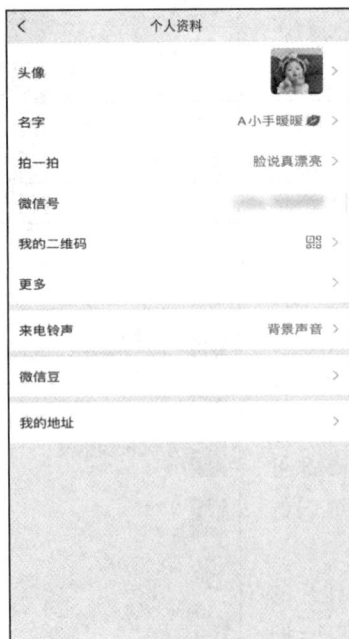

图 3-9　"个人资料"页面

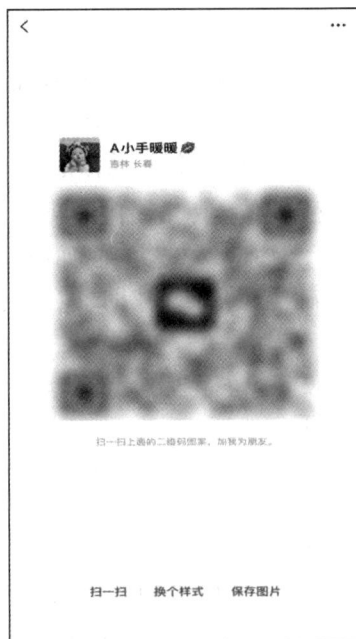

图 3-10　查看二维码

（3）通过微信发现添加好友。微信作为一款社交通信工具，为用户提供了多种添加好友的方式，如"发现"中的"摇一摇""附近的人"等。通过该功能可以随机添加陌生人为微信好友。

3. 微信好友互动

转发、评论、点赞和活动等都是与微信好友展开互动的好方法，合理掌握与微信好友之间的互动方法能够提升营销的效果。

（1）转发、评论和点赞。转发、评论和点赞是消息本身所赋予的自然交流方式，这种交流方式可以加深营销人员与好友之间的关系，但要注意互动的内容，特别是评论要真实有趣。对于营销人员来说，怎样从庞大的朋友圈信息中找到值得自己与之进行互动的好友信息呢？具体操作步骤如下。

① 在微信"发现"中点击"搜一搜"按钮，然后点击"朋友圈"按钮，在文本框中输入关键词进行搜索，如图 3-11 所示。

② 在搜索出来的结果中筛选需要进行互动的信息进行转发、评论和点赞，如图 3-12 所示。

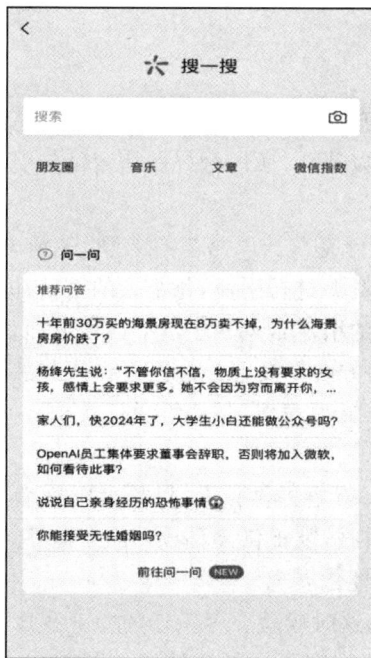

图 3-11 关键词搜索

图 3-12 筛选朋友圈内容

（2）活动。策划朋友圈活动的目的是让微信好友参与互动，并将活动信息传播到自己的朋友圈，扩大活动的影响力。活动一般通过转发、点赞、集赞等方式进行，多表现为对微信朋友圈内容的转发和集赞，从而获得奖品、优惠券、现金福利等，朋友圈转发集赞活动如图 3-13 所示。

图 3-13　朋友圈转发集赞活动

4. 微信个人号的引流

在微信个人号的营销中，很多用户面临的主要问题是如何引进流量。流量是微信号生存、发展的根基，一个微信号若没有流量，只能坐以待毙，所以做好微信营销的引流至关重要。

引流要有逻辑清晰的思路，然后在不同环节进行完善。思路越有条理、越清晰，引流才会越顺利快捷。除此之外，还要利用手中现有的资源进行引流，每个人的微信都有一定数量的好友，可以进一步开发和扩展。微信个人号的引流重点在于以下四个方面。

（1）产品。产品是基础，没有产品，就连宣传的方向都没有。首先要确认产品和服务是什么，然后确定目标客户在哪里。例如，产品主要针对母婴，那么"宝妈"就是目标群体，这就是重点宣传的方向。

（2）展现。展现是引流的核心，客户喜欢什么，就要提供什么，以最大限度满足客户需求。客户喜欢温柔，就走温柔路线；客户喜欢高科技，就提供高科技产品。此外，还要分析客户的年龄、性别、爱好等特点，根据这些进行个性化展现。

（3）转化。找到客户后，就要进行购买力转化，这时候就要考验你的专业程度了。需要一对一与客户进行沟通，越专业，转化率越高。要根据不同的人选择不同的方式，进行准确的引导，最后获得成交。成交是引流的最终目的，无法成交，引流效果再好也是毫无意义的。

（4）客户管理。成交是销售的开始，并非结束，因为需要客户持续购买产品，变成忠诚客户。一旦成为忠诚客户，他们就会通过口碑宣传带来更多的新客户。所以，成交之后，要定期回访，节假日期间给老客户一些福利也是很有必要的，这样更有利于增强客户的忠诚度。

3.2.3 微信公众号营销

微信公众号因操作的便捷性、人际交流的高时效性、内容推送的丰富性和消息推送的精确性受到广大用户的喜爱。无论个人还是企业，只有充分做好公众号营销，充分为每一位客户服务，让自身的产品和品牌深入客户的内心，获得客户的青睐，才能进一步打开广阔的市场。

1. 微信个人公众号营销

随着自媒体应用的普及，微信个人公众号成为微信公众号的主要类型。原创作者可以通过微信个人公众号进行自我展示，实现社会价值和经济价值。

（1）微信个人公众号的营销方式。微信个人公众号营销是指以文字、图片、视频、音频等媒介向公众传递有关原创作者的相关信息，如兴趣、爱好、习惯、观点、态度等。因此，微信个人公众号的营销主要采取以下四种方式，如表 3-4 所示。

表 3-4　微信个人公众号的营销方式及要点说明

营销方式	要 点 说 明
粉丝营销	粉丝营销是微信个人公众号营销的基础，只有具有一定的粉丝基础，原创作者才能实现运营微信公众号的目的。这类原创作者通常在开通微信公众号之前就已经拥有大量的粉丝，或者本身就是具有一定明星效应的自由撰稿人
长线营销	对大多数原创作者来说，在开通微信公众号之前并没有大量的粉丝，而现有的关注群体在关注公众号之前多是这个原创作者的朋友或朋友的朋友。这种微信个人公众号的运营就要做好长期战斗的准备，要耐得住寂寞，经得起考验，不能因为粉丝的阅读量不高而产生厌倦，也不能因为订阅量不高而不及时更新推送消息
话题营销	微信个人公众号的营销还可以借助一些话题来展开。可以对社会上的热点问题进行介绍，做出个人评论，在粉丝中引导话题讨论，或者推荐一些粉丝可能感兴趣的内容，进而在第一时间吸引粉丝的注意，增加阅读量，甚至订阅量
活动营销	线下互动活动和微信平台内的互动交流也是提高粉丝活跃度的重要方法。虽然多数原创作者可能没有实力开展线下活动，但是粉丝达到一定数量的公众号作者可以选择与相关企业或组织合作

（2）个人公众号 IP 打造。微信公众号让无数热爱写作、热爱分享的人找到方向，成为"斜杠"青年，开辟了第二职业。如何进行微信公众号营销，打造自己的 IP 呢？下面以打造个人摄影公众号为例加以说明。

① 公众号定位确认。确认自己想做一个什么样的公众号，分享什么样的内容。可以从以下三个方面进行思考：用户是谁？向用户提供什么服务？内容调性是怎样的？

② 公众号基础建设。公众号基础建设是指头像、名称、自动回复、菜单设置。所有内容把握的原则为符合定位，名称简单易搜索，自动回复提供清晰的操作指引，菜单设置初期宜简洁，后期通过不断观察客户的回复情况，可丰富自动回复词汇，满足客户需求。

③ 内容建设。内容建设主要包括以下三个方面，如表 3-5 所示。

表 3-5　内容建设的主要内容及要点说明

主要内容	要点说明
内容范围	可以结合优秀公众号和自己公众号的定位确定范围,如拍摄地推荐、拍摄小窍门、摄影大师作品赏析等
发布频次	应根据自己的内容产出实力进行规划,在保证文章质量的前提下,确定发布频次和发布时间
内容排版	确定字体字号、突出重点的方式(加粗/标色/彩色字体)、文字风格(幽默/正经)、分隔符号和图片风格等

④ 打磨内容。打磨的内容主要包括标题、封面、正文和分析"爆文",如表 3-6 所示。

表 3-6　打磨的内容及要点说明

内　容	要点说明
标题	运用 5W2H 法则来蹭热点、"傍大款"或者颠覆人们的认知
封面	选择符合公众号调性的图片,或设计统一的系列图片
正文	写作思路有很多种,以下提供一种仅供参考:带入情境→引起矛盾→提出问题→给出解决方案
分析"爆文"	多写多练还不够,还要持续分析那些爆款文章,看看它们是如何选题的,有什么样的结构,读者被打动的点在哪里。不断分析总结,水平才能提高

⑤ 营销推广。公众号营销推广的方式主要有以下六种,如表 3-7 所示。

表 3-7　公众号营销推广方式及要点说明

推广方式	要点说明
朋友圈分享	将文章发布在朋友圈,感兴趣的朋友自然会关注
活动推广	通过相关活动吸引客户,进而让客户帮忙转发分享,传播出去
软文推广	在各大网站发布话题性软文,如参与知乎问题回答,在今日头条、一点咨讯发表文章等,在文末放微信号或二维码
社区/论坛推广	到目标领域的社区/论坛,发表帖子或者评论等让大家关注
QQ 群/微信群推广	加入目标领域的 QQ 群/微信群,在群内发布推文链接,感兴趣的人会加关注
微信公众号互推	当你的微信公众号内容出色,客户达上千个时,去 QQ 群找互推的公众号,或联系一些优秀的公众号互推

⑥ 数据分析。在微信公众号后台,有相关的统计数据可以进行分析,主要从四个方面入手,如表 3-8 所示。

表 3-8　数据分析的内容及要点说明

内　容	要点说明
客户分析	分析客户来源和客户属性,了解客户画像

内　容	要　点　说　明
图文分析	通过没有发布图文时的自然流量,找出客户的阅读时间规律;通过单篇推文的阅读量、转发量等,找出客户喜爱的内容规律
菜单分析	分析菜单点击量,找出客户感兴趣的内容,优化菜单设置
消息分析	找出客户关注的关键词,做好答疑工作

2. 微信企业公众号营销

从企业的角度出发,其打造和经营企业公众号的主要目的是对企业的产品或服务进行营销,通过这种方式和手段拓宽其获取经济利益的渠道。

（1）微信公众平台在企业中的应用。

① 微信公众平台是企业宣传的新媒体。微信公众平台已成为企业对外宣传的利器。企业可以通过微信公众平台向职工、客户等一切关注企业的人群主动推送信息、介绍企业概况、展示职工风采、宣传企业政策、反映企业动态。企业可以通过发布动态、展示员工风貌等传递价值观和企业精神,树立企业形象。总的来说,企业在内容的选择上有一定的自由度,在形式的选择上也可以大胆创新。不过,内容一定要有价值、易于传播。

② 微信公众平台是职工成长的新空间。企业可以在微信公众平台设置"职工书屋"这个功能板块,供职工阅读学习,进行自我提高。对于各功能板块,企业可以自己制作,也可以请专业团队制作。

③ 微信公众平台是企业与客户沟通的新桥梁。微信公众平台真正实现了企业与客户联系的及时、便利和有效,为企业与客户架起了一座沟通的新桥梁。

（2）微信企业公众号营销策略。微信公众号运营者要充分了解受众的消费心理、媒介接触习惯和接触心理,掌握微信公众号的传播规律,分析好利弊,找准问题,对症下药,合理制定传播策略,坚持原创,不断优化客户体验,这样就能在很大程度上增强客户黏性,提升品牌满意度和忠诚度,成功塑造企业的品牌形象。微信企业公众号营销策略及要点说明如表3-9所示。

表3-9　微信企业公众号营销策略及要点说明

营 销 策 略	要　点　说　明
设立保障组织,精确获取粉丝	根据行业性质的不同,企业获取粉丝的途径各不相同。餐饮企业可以通过微信 LBS(基于位置的服务)来挖掘粉丝、培养粉丝;服务型企业的粉丝位置具有不确定性,可以设置便于客户记忆、输入的微信名,以方便其搜索及传播
制订营销计划,明确营销目标	企业要挖掘客户感兴趣的内容,在推广企业的品牌形象时,不能单纯发送广告宣传企业的产品或服务,而要有明确的定位,制订好营销计划,明确营销目标,这样才能有针对性地对营销效果进行评估
注重内容质量,掌握运营技巧	企业发送的信息内容质量好,客户就可以通过信息获得帮助,通过互动加深对企业的印象,从而决定对企业是继续关注、将微信号推荐给好友还是取消关注

续表

营 销 策 略	要 点 说 明
坚持客户维护，评估客户体验	企业从历史聊天记录中可以了解客户发送的内容，评估客户体验，可以根据客户提出的问题为客户提供服务并随时进行调整，这样既能提高效率，也方便了客户，增强了客户对企业的信赖感，利于今后业务的开展
重视客户体验，打造更精良的广告插入模式	企业在通过微信发布广告时，要重视客户体验，竭力打造更精良的广告插入模式
以人为本，升级客户体验	企业应将其价值理念和最大化满足客户需求与爱好相结合，面向客户做好各类服务，不断升级客户体验

（3）微信企业公众号营销技巧。对企业来说，公众号运营要实实在在，要制订切实可行的运营方案，重点要掌握以下六个技巧，如表 3-10 所示。

表 3-10　微信企业公众号营销技巧及要点说明

营 销 技 巧	要 点 说 明
针对性	公众号推广应以消费者的某种共性为基础，对市场进行细分，以提高微信营销的针对性
互动性	无论是企业还是个体微商，对于客户的提问，一定要及时回答，保持密切的互动，以更好地了解客户的兴趣、偏好，按需供给产品。同时要善于利用微信的功能与客户保持亲密联络，吸引客户长期关注自己
科学管理客户	根据自己产品的特性筛选有效的客户，以增强产品的针对性，避免广告推送的低效率，同时还要注意推送广告的时间和频率
信息推送及回复	为了能够更好地引导客户，增强客户对企业的忠诚度，企业需要在公众号的信息推送和回复方面下足功夫
线下高品质活动	通过开展线下高品质互动活动，企业能够直接与客户建立亲密联系，并强化心理黏性。同时在互动交流的过程中，双方思想的碰撞能够产生新的智慧火花
粉丝质量	公众号不需要"僵尸粉"，企业进行宣传推广的最终目的是实现交易，只有忠实的粉丝才能带来交易

项 目 考 核

一、填空题

1. 微信营销是以微信为传播媒介的营销方式，结合了线上的"病毒"式营销和线下的_____，其主要目标群体是广大的微信用户。

2. 微信好友的_____是微信个人号营销的基础，微信好友直接影响微信运营的最终效果和范围。

3. _____是微信个人公众号营销的基础，只有具有一定的粉丝基础，原创作者才能实现运营微信公众号的目的。

4. 企业应将其价值理念和最大化满足客户需求与爱好相结合,面向客户做好各类服务,不断升级_____。

5. 公众号推广应以消费者的某种共性为基础,对市场进行细分,以提高微信营销的_____。

二、判断题

1. 微信的点对点产品形态注定了其能够通过互动的形式将普通关系发展成强关系,从而产生更大的价值。   （   ）

2. 让客户成为粉丝且能够记住你的最重要的标识就是你的微信昵称。   （   ）

3. 微信好友的添加主要有通过手机通讯录添加好友和通过扫描二维码添加好友两种方式。   （   ）

4. 策划朋友圈活动的目的是让微信好友参与互动,并将活动信息传播到自己的朋友圈,扩大活动的影响力。   （   ）

5. 为了能够更好地引导客户,增强客户对企业的忠诚度,企业需要在公众号的信息推送和回复方面下足功夫。   （   ）

三、简答题

1. 简述微信营销的特点。

2. 简述微信营销的优势。

3. 简述微信昵称创建的原则。

4. 简述微信个人公众号的营销方式。

5. 简述微信企业公众号营销技巧。

项目 4

社群营销

学习目标

知识目标

（1）了解社群与社群营销概述。

（2）掌握社群结构。

（3）熟悉社群规则。

技能目标

（1）能够设置社群名称与口号。

（2）能够策划社群营销活动。

素养目标

培养学生良好的沟通能力，能够与社群成员有效沟通，实现高效的信息交换，具备团队协作精神。

引导案例

从 G-SHOCK 看企业如何打造小众品牌

G-SHOCK 是通过聚焦专业圈子，将自己打造成一个小众品牌领袖。具体从以下三个方面进行。

1. 定位精准

G-SHOCK 将营销关键词定在音乐、时尚、运动、潮流四个方面，尤其与街头文化、极限运动、潮流音乐领域的特质接近，这三个领域都属于较为专业且关注的人比较少的领域。

G-SHOCK 的营销人员通过对消费人群的分析，发现购买人群主要是对街头文化、艺术等感兴趣的年轻群体，于是便采用了粉丝营销策略，即先让最时尚的人成为 G-SHOCK 的代言人，再由他们去影响自己的粉丝。例如，G-SHOCK 在美国选择了阿姆、在加拿大选择贾斯汀·比伯当代言人，并让他们在多种场合下佩戴 G-SHOCK 腕表，影响粉丝去购买。最终结果是 G-SHOCK 的用户忠诚度和复购率都很高。

2. 选择合适的代言人

G-SHOCK 在代言人的选择上更关注小众圈子。一是因为代言费用较低，二是因为可以形成较深的合作关系。

例如,G-SHOCK 和 Eric Haze(著名涂鸦大师)合作。涂鸦是一个很小众的圈子,关注涂鸦这门艺术的人一般很有个性、很有思想,这和 G-SHOCK 的主张不谋而合。在合作前,涂鸦圈的人对这个品牌并不了解,但 Eric Haze 跨界设计 G-SHOCK 25 周年标识的事件,将 G-SHOCK 带入了涂鸦圈,开拓了其在涂鸦圈的市场。

再如,和国际职业街头滑板运动家 Stevie Williams 合作,使 G-SHOCK 加强了和整个滑板界的合作,并为滑板品牌 DGK 推出了限量版。

G-SHOCK 在和一些小众明星合作的同时,还拓展了曝光领域,发展了新用户。

3. 注重品牌传播

在品牌传播方面,G-SHOCK 一般会要求代言人以视频的方式呈现其生活和艺术形态,当然这种生活方式又和其所代表的文化相关。这种视频短片更具感染力,更容易让粉丝产生兴趣,加深对品牌的理解。

在线上,G-SHOCK 一般通过软文、视频的方式在特定的社群传播,以免费和付费相结合的方式达到营销目的。

在线下,G-SHOCK 会在门店举办活动,如周年纪念和新品发布等,给店铺带来人气。

案例拆解任务单

实训地点:		教室:		小组成员:	

一、任务描述

　　1. 实训任务:案例拆解。

　　2. 实训目的:了解社群营销相关知识。

　　3. 实训内容:①以小组为单位,分工搜集"从 G-SHOCK 看企业如何打造小众品牌"的相关信息;②以 G-SHOCK 为基础,分析如何进行营销推广;③完成一份案例分析报告并制作案例分析汇报 PPT。

二、相关资源

　　以"从 G-SHOCK 看企业如何打造小众品牌"等为关键词,查询与 G-SHOCK 有关的网络资料。

三、任务实施

　　1. 完成分组:4～6 人为一组,选出组长。

　　2. 围绕该案例,在网络上查询与"从 G-SHOCK 看企业如何打造小众品牌"有关的信息并进行整理和分析,然后提交案例分析报告。

　　3. 小组分工撰写汇报 PPT,完成后选出代表进行汇报。

四、任务执行评价

任务评分标准

序号	考核指标	所占分值	评价要点	得分
1	完成情况	20		
2	内容	60		
3	分析质量	20		
总　　分				

任务 4.1　社群营销认知

移动互联网和网络社交平台的不断发展，为社群营销提供了广阔的天地。个人或群体通过社群将具有相同爱好、特征的目标用户聚集起来，形成一个共同的兴趣圈，然后通过社群进行产品或品牌的推广，最终促成消费，产生收益。

4.1.1　社群概述

近年来，"社群"这个词流行了起来，网友通过网络可以方便地找到有共同兴趣爱好或者共同价值追求的群体组织。同时一批具有行业和社会影响力的"大咖"的加入为社群组织增添了活力，吸引了更多人的加入。

1. 社群的含义

社群是基于一种需求和爱好把志同道合的人聚集在一起，形成的一种关系圈子。一个运营良好的社群应该拥有稳定的群体结构、一致的群体意识和行为规范，以及持续的互动关系。

2. 社群的构成

在搭建社群之前，要了解社群的构成。一个社群由同好、结构、输出、运营、复制五方面构成，想要搭建一个社群也要基于这五个构成要素。

（1）同好。社群构成的第一要素——同好，是社群成立的前提条件。所谓同好，是有共同认可某种事物的行为。可以基于某种产品，如苹果手机、锤子手机和小米手机；可以基于某种标签，如星座、某明星的粉丝；可以基于某种行为，如爱阅读；可以基于某类价值观，如"有种、有料、有趣"的"罗辑思维"；可以基于某种空间，如某生活小区的业主群。

（2）结构。社群构成的第二要素——结构，决定了社群的存活。很多社群之所以会很快走向沉寂，是因为最初就没有对社群的结构进行有效规划。社群结构包括组成成员、交流平台、加入原则、管理规范，如表 4-1 所示。这四个部分做得越好，社群的存活时间就越长。

表 4-1　社区结构的主要内容及要点说明

主要内容	要 点 说 明
组成成员	发现、号召那些有同好的人抱团形成金字塔或者环形结构。最初的一批成员会对以后的社群成员产生巨大的影响
交流平台	找到成员后，需要有一个聚集地作为日常交流的大本营，目前常见的有 QQ、微信、YY 等
加入原则	有了元老成员，也建好了平台，慢慢就会有更多的人慕名而来，那么就得设一定的筛选机制作为门槛，这样既可以保证社群质量，又可以让加入者由于加入不易而格外珍惜这个社群
管理规范	人越来越多后就必须加以管理，不然大量的广告与"灌水"行为会让很多人选择屏蔽，所以一要设立管理员，二要不断完善群规

（3）输出。社群构成的第三要素——输出，决定了社群的价值。所有的社群在成立之初都有一定的活跃度，但是若不能持续提供价值，社群的活跃度就会慢慢下降，最后沦为广告群。没有足够价值的社群迟早会成为"鸡肋"，群成员和群主就会选择退群或者解散群，也会有一些人再去加入一个新的"好"群或选择创建一个新群。

为了防止这种情况发生，好的社群一定要能够给群成员提供稳定的服务输出，这是群成员加入该群并留在该群的价值。另外，还要衡量群成员的输出成果，全员参与才叫社群。

（4）运营。社群构成的第四要素——运营，决定了社群的寿命。不经过运营管理的社群很难有比较长的生命周期。一般来说，从始至终通过运营要建立"四感"，如表 4-2 所示。

表 4-2 "四感"的主要内容及要点说明

主要内容	要点说明
仪式感	加入社群要申请、入群要接受群规、行为要接受奖惩等，以保证社群运营规范被遵守
参与感	通过有组织地讨论、分享等，保证在群内有话说、有事做、有收获
组织感	通过对某主题事件的分工、协作、执行等，保证社群的战斗力
归属感	通过线上线下的互动、活动等，保证社群的凝聚力

（5）复制。社群构成的第五要素——复制，决定了社群的规模。由于社群的核心是情感归宿和价值认同，因此社群越大，情感分裂的可能性就越大。

3. 社群经济

当社群发展到一定程度后，就出现了社群经济。社群经济是指通过社群达成交易，在产品和用户之间建立情感联系，通过产品和用户共同的作用，打造一个自主运转、自主循环的经济系统。

社群经济时代，粉丝是产生价值的关键因素，而促成粉丝产生消费行为的关键是其对品牌的信任和感情。因此，企业要重视将用户转化为粉丝，将粉丝转化为实际的消费者。这就要求社群的内容对用户有吸引力，能够让用户自愿成为社群成员，进而参与社群发布的一系列商业活动，甚至社群成员也会慢慢转变为社群产品的生产者。这就实现了社群经济时代用户向粉丝的转变，这也是拥有大量粉丝的个人或企业更容易开展社群活动的原因。

4.1.2　社群营销概述

在新媒体营销日趋活跃的当下，社群营销以独特的功能特性和高度自主性成为连接用户与品牌的最快方法。在竞争越来越激烈的商业世界，如果想找到品牌生存的更多机会，就需要利用好社群营销，为品牌推广打开另一扇窗。

1. 社群营销的定义

社群营销是以社群和社群经济为基础，通过微博、微信、社区等新媒体平台，将拥有共同需求的群体联系起来，进而推销自身产品或服务所形成的一种商业形态。社群营销主要依靠社群关系，营销人员可以通过开展各种社群活动，使成员之间形成共同的目标和持续的相互交往，进而形成共同的群体意识和规范，提高社群的影响力，扩大社群的规模，使社群不断发展。

2. 社群营销的必备条件

社群营销就是通过一系列营销手段，聚集一群人并促使他们保持活跃状态，使他们与产品、品牌产生更为频繁的交集。想要做好社群营销，可以从以下三个方面着手。

（1）健全社群运营机制。如何激发社群成员的智慧和能量？这就需要制定评价标准和激励机制。社群不同于企业组织，无法靠利益来驱动，社群还追求人文情怀、使命、愿景等，因此，社群运营除了要有常规的奖惩制度，还需要有一套完善的运营机制。

（2）保持社群的活跃度。社群创建之后，接下来就要保持社群的活跃度。保持社群的活跃度的方法主要有四种，如表 4-3 所示。

表 4-3　保持社群活跃度的方法及要点说明

方　　法	要 点 说 明
不断重组和细分用户	社群的生命周期很短，正常运营情况下大概能维持一年时间。一年后需要重新打乱社群，重新细分
以产品为导向，不断更新产品服务内容，刺激用户产生需求	如秋叶 PPT，每隔一段时间就会更新课程内容
重点运营核心种子用户	一旦社群规模不断变大，运营者便会无暇顾及各个方面，这就需要在核心种子用户中招募一批人参与整个社群的运营
培养社群的亚文化和子品牌	如"罗辑思维"和"十点读书"已经形成了自己独特的文化，用户是非常认可其文化的

（3）打造高效运营团队。在用户保持了持续的忠诚度之后，接下来就要考虑如何打造一个高效的运营团队，概括起来主要有以下三种方法，如表 4-4 所示。

表 4-4　打造高效运营团队的方法及要点说明

方　　法	要 点 说 明
去中心化管理	让社群自运转，脱离了官方管理后用户自己也能玩得转，运营人员只需要制定正确的运营策略和方向
运营团队保持持续更新	要吸收新鲜血液，保持团队的活力和执行力。线上运营人员可能都是招募而来的，有些还是志愿者，可能会因为其他事情而耽误运营工作，这就需要吸收新的运营人员加入
沟通稳定且顺畅	每周的会议总结、周报和培训是必不可少的，还要对新加入的营销人员和新人进行培训。每次的会议纪要要保证传达到每一位营销成员

3. 社群营销的流程

随着新媒体的发展,微信、微博等平台的竞争日益激烈,因此,企业应吸引用户加入社群,通过社群打造产品或品牌的口碑,提高影响力。建立社群后需要对社群进行运营,流程如下。

(1)明确社群定位。做任何事情前,都应该先思考布局再行动,社群也是一样的。在建立社群前,就应该想清楚为什么要做社群,社群的定位是什么。一般来说,社群定位可从价格、范围、品类、人群、规模等方面来思考。

(2)吸引精准用户。企业如果想取得更好的运营效果,就必须吸引精准的目标用户,通过对目标用户基础信息、观念、环境的分析,了解目标用户。了解用户与社群定位是相辅相成的,既有助于对社群进行定位,也有利于吸引精准用户。

(3)维护用户活跃度。社群需要依靠社群成员之间的关系来发展壮大,因此用户的活跃度对社群有很大的影响。为增加凝聚力,提升用户活跃度,运营人员可通过线上、线下两种方式开展活动。

(4)打造社群口碑。社群口碑的好坏影响着社群的宣传效果,拥有好产品、好内容、好服务的社群,其口碑经过积累、沉淀也会更好。因此,要打造良好的社群口碑,必须做好社群服务,让用户拥有更好的社群体验,在社群中感受到快乐并有所收获。

4. 社群营销的重点工作

在社群营销的过程中,要重点关注以下七项工作。

(1)持续完善社群营销流程。要将工作逐步标准化,减少核心团队成员在产出比低的琐事上的精力耗费。一个社群随着规模的扩大,需要细致总结一些工作方法,形成可以标准化操作的流程,这样就可以把一些非核心业务外包给其他人,既可以使核心成员将精力放在更重要的工作上,也可以控制营销工作的质量。这项营销标准化梳理工作要随着社群的扩大而持续进行。

(2)工作合理分工。所有的管理理论都强调把正确的人放在正确的位置,合理分工,尽量让成员做自己擅长的事。社群成员并不需要全部聚在一个群或加入全部的在线聊天群,这样会给核心群成员带来极大的信息过载负担,可以采用"核心群多讨论组"的运营模式。

(3)建立情感连接。社群核心成员常聚在一起,彼此熟悉后,知道对方的生日,可以通过网络互发视频,或者发个小红包,对特别有贡献的小伙伴进行奖励,这样能逐步建立社群核心成员的情感连接。另外,社群成员遇到困难时,要及时发现,积极沟通,发动社群资源帮助解决。所有的连接都应建立在关注成员真正关切的点上。

(4)设置有弹性的组织架构。有些社群的核心成员属于兼职或者志愿者,他们在本职工作或学习压力过大时只能退出。如果采用弹性的组织架构,忙的时候就到组织架构的休息区,不忙的时候就到组织架构的高速运转区,这样能让成员有一个回旋的余地,而不是一忙起来只能离开。因为核心成员离开社群后,回来的概率不大。

(5)建立合理的回报机制。社群创建初期,留住核心成员应靠成就感,不仅要有物质上的回报,更要有精神上的回报。要让核心成员觉得自己的存在是必要的,自己所做的事情是有价值的，而且在组织里能够找到自己的位置，从而产生归属感。

当社群有了盈利能力后，更需要一套清晰的奖惩制度和绩效考核，让付出有效劳动的成员有相对应的物质回报，让精神力量有物质基础的支撑。

（6）及时清理不同频的人。对于加入社群刚开始表现积极但没有真正认同社群价值观的人，或者加入社群是为了谋取个人利益的人，要及时清理。及时清理不同频的人，把内部矛盾从源头肃清，保持一致的价值观，能有效提升团队的凝聚力。

（7）扩大社群品牌影响力。社群发展的根本在于平台逐步形成品牌影响力，这个影响力即使核心成员离开也带不走，反而会让自己因离开这个具有非凡价值的平台而失去一些发展的机会。努力运营好社群，让社群成员慎重考虑自己的每次决定，才能保持社群健康发展和实现共赢。

任务 4.2　构建社群营销

进行社群营销前，必须建立一个完整的社群，在拥有一定数量的粉丝后，再完善社群结构、管理，进行社群营销。在保证社群持续性输出能力时，不断为成员创造价值，使成员之间建立坚实的感情联系和信任关系，形成自运转、自循环的经济系统，让社群持续壮大，通过复制，分化出更多的社群。

4.2.1　设置社群名称与口号

1. 设置社群名称

社群名称是用户对社群的第一印象，是用户了解社群的首要途径。社群成员可以通过社群名称进行社群品牌的传播和宣传，吸引更多具有相同爱好和价值观的用户成为社群的新成员。设置社群名称是建设社群的首要任务，其方法主要有两种，如表 4-5 所示。

表 4-5　设置社群名称的方法及要点说明

方　　法	要　点　说　明
从社群的核心构建点来命名	社群的核心构建点是形成社群的主要因素，也是该社群区别于其他社群的核心竞争力
从目标用户的需求来命名	根据目标用户群体的需求，在社群名称中加入吸引用户的关键词，方便用户辨认和识别

2. 设置社群口号

社群口号在社群运营过程中可以起到宣传品牌精神、反映社群定位、丰富成员联想、使社群名称和标识清晰的作用。一个好的社群口号，应该能代表社群的价值观，能聚集同好，体现社群定位，方便用户记忆、传播，并体现社群的精神追求。社群口号的确定可从以下三个方面进行，如表 4-6 所示。

表 4-6 确定社群口号的方法及要点说明

方　法	要点说明
功能特点	通过一句话来描述社群的功能或特点,简洁且直观,非常容易让用户理解
利益获得	直接以社群能够带给用户的利益为口号,可以吸引对该利益感兴趣的用户,并使用户为了该利益而不断为社群作出贡献
情感价值	以精神层面的情感价值为社群口号,可以吸引认可社群价值观的用户群体

4.2.2　明确社群结构

由于社群成员拥有的特质各不相同,因此,社群存在着多样性,社群成员在一个结构良好的社群中也被分为社群创建者、社群管理者、社群参与者、社群开拓者、社群分化者、社群合作者和社群付费者七种角色。

1. 社群创建者

社群创建者是社群的初始创建人,一般由具有人格魅力、专业技能强、能力出众的人担任,具有一些吸引用户加入社群的特质,能够对社群的定位、发展、成长等进行长远且正确的考虑。

2. 社群管理者

社群管理者应具备良好的沟通、协调、决策与执行能力,拥有大局观,能公正严明、以身作则。由于社群的特殊性,社群管理者大多要求在线上完成工作,无法与社群成员面对面沟通,因此这对社群管理者应变能力的要求非常高。在一个成熟的社群中,应拥有完整的管理团队,通过不同层级的管理员对不同方面的任务和内容进行管理。管理团队中一般包含以下五个层级,如表 4-7 所示。

表 4-7 管理团队的层级及要点说明

层　级	要点说明
总管理	负责整个社群的管理,对社群发展过程中的所有事宜进行决策,可决定社群的发展方向及其规模
副管理	负责社群数据的统计,辅助总管理进行社群管理,处理管理组长相关事宜
管理组长	副管理所属的下层管理人员,主要负责社群的质量管理,包括社群活跃度、社群聊天、社群发言质量等具体事项的管理
管理人员	基层的社群管理者,主要负责社群基本事务的管理
管理助手	负责为总管理或副管理整理相关的事务,类似于公司中的秘书一职,可由管理人员兼任或不设

3. 社群参与者

社群参与者即社群中的普通成员,其风格可以多样化,但要能参与到社群活动和讨论中。引入多种风格的社群参与者往往能激发社群的活跃度,提高社群成员的参与热情,保证社群健康长久地发展。

4. 社群开拓者

社群开拓者是社群的核心发展力量，必须具备能谈判、善交流的特质。社群开拓者可在不同平台对社群进行宣传和交流，为社群注入新鲜血液，并促成社群的各种商业合作。

5. 社群分化者

社群分化者是社群大规模扩张的基础，指能将建立的社群发展起来，成立子社群的人群。社群分化者一般具有非常强的学习能力，能够深刻理解社群文化并参与社群建设，是社群裂变的关键人员。

6. 社群合作者

社群合作者是与社群彼此认同、理念相同、具备等同资源，以达成互惠互利的企业或组织，其与社群的关系可以是资源的互换、经验的分享、财力的支持等。

7. 社群付费者

社群付费者就是通过缴纳一定的费用加入社群的成员，能为社群的发展提供资金支持，能积极参与到社群的活动中，保证社群的活跃度。

4.2.3　制定社群规则

要想保证社群的长期发展，需要制定与社群定位相符的规则，约束社群成员的行为，并在实际运行中对规则进行验证与完善。根据社群营销的不同阶段，社群规则可分为引入规则、日常规则、激励规则和淘汰规则四种。

1. 引入规则

一个社群想要快速发展，就必须吸引用户加入社群，使其成为社群成员。为保证社群的顺利发展，在引入社群成员时，必须设立一定的门槛，淘汰不符合规则的成员，避免营销后期出现大量不活跃的成员。一般来说，社群成员的引入规则主要有五种方式，如表4-8所示。

表 4-8　引入规则的方式及要点说明

方　式	要　点　说　明
邀请制	邀请制是指由群主或管理员邀请他人加入社群，使其成为社群成员，适用于规模较小或专业领域较强的社群圈子
任务制	任务制是指用户必须完成某项任务才能成为社群成员
付费制	付费制是指用户支付社群规定的费用后成为社群成员
申请制	申请制是指用户依社群发布的公开招募信息投递简历，经过书面、视频面试等步骤，成为社群成员
举荐制	举荐制是指用户通过群内成员的推荐成为社群成员

2. 日常规则

日常规则是指社群成员日常行为的一系列规范，一般展示在群公告中。日常规则一般包括名称规则、交流分享规则和其他规则三个方面，如表4-9所示。

表 4-9　日常规则的内容及要点说明

内　容	要点说明
名称规则	名称规则包括社群命名规则和社群成员命名规则。符合要求的名称能树立社群规范、正面的形象,加深社群成员之间的了解
交流分享规则	交流分享规则可以保证社群成员良好的沟通和交流,促进信息的传播,加强社群成员的互动,提高社群活跃度,促进社群发展
其他规则	其他规则是指社群日常运营中可能遇到的其他问题的行为规范,如对通过社群添加个人好友、社群意见反馈等行为的规范

3. 激励规则

设置恰当的激励规则有助于提高社群成员的活跃度、参与度,增强社群的凝聚力。社群激励规则一般包含考核规则和奖励规则两个部分,如表 4-10 所示。

表 4-10　激励规则的内容及要点说明

内　容	要点说明
考核规则	对社群成员的相关行为进行考核,可结合日常规则使用积分制度,将社群成员的行为通过积分的形式展示,定期进行考核
奖励规则	对考核成绩优秀的社群成员进行奖励,奖励形式可以是现金、物品、优惠券等

4. 淘汰规则

随着社群的发展,为保证社群成员的质量,应对社群成员进行选择,将活跃度不高、不利于社群发展的成员淘汰,留下对社群有贡献、积极参与社群活动的成员。社群淘汰规则有三种方法,分别是人员定额制、犯规剔除制、积分淘汰制,如表 4-11 所示。

表 4-11　淘汰规则的方法及要点说明

方　法	要点说明
人员定额制	人员定额制是指将社群成员人数限制在固定人数内,如 150 人。当人数达到限额时,剔除一些活跃度、参与度都比较低的成员,以保证社群始终处于活跃状态
犯规剔除制	犯规剔除制是指将违反社群规则的社群成员淘汰。为保证社群的正常秩序,可根据犯规次数及程度设置不同惩罚,如对首犯且程度轻的社群成员予以警告,将屡教不改或程度重的社群成员剔除等
积分淘汰制	积分淘汰制是指对社群成员的行为给予积分奖励或惩罚,设置积分标准线,定期统计成员积分,将积分不足的成员剔除,重新引入新成员

任务 4.3　社群营销活动策划

成功创建社群后,要想其健康发展下去,就必须进行适当的运营,策划并开展一系列社群活动,保持社群的活力和生命力,加强社群的活跃度和凝聚力,培养社群成员的黏性和忠诚度,使社群成员有意识地发展社群,扩大社群规模,增强社群影响力。

4.3.1　线上策划与推广

社群营销活动是活跃群内气氛的重要手段,具有多样化的表现形式,常见的社群营销线上活动有社群分享、社群交流、社群福利、社群打卡等。

1. 社群分享

社群分享是指向社群成员输出知识、心得、体会、感悟等有价值的内容,或社群成员之间围绕某一话题进行讨论的行为。社群分享是常见的社群线上活动,能调动社群成员的积极性,为社群输出内容,吸引更多的新成员,为社群发展保驾护航。

（1）分享类型。社群分享一般包括灵魂人物分享、嘉宾分享、内容成员分享和总结分享四种,如表 4-12 所示。

表 4-12　社群分享的类型及要点说明

类　型	具 体 要 点
灵魂人物分享	由具有极高威望的社群灵魂人物进行分享,适用于金字塔结构的社群
嘉宾分享	邀请社群外的专家或"红人"进行分享,要求社群有足够的吸引力或资金
内容成员分享	社群成员进行信息的分享,对社群成员的能力要求较高
总结分享	发动社群中的成员分享自己的经验或收获,以促进社群成员共同进步

（2）分享过程。为保证社群分享的质量与活动的顺利开展,营销人员应在分享活动开始前、分享过程中和分享后做好相应的准备,如表 4-13 所示。

表 4-13　社群分享的过程及相应准备

过程	相 应 准 备
确定	在分享活动开始前,应提前准备分享内容和确定分享模式,准备好要分享的话题和素材。特别是对于没有分享经验的新手,更应该确认其分享的内容,以保证社群分享的质量
通知	确定分享时间后,可以通过群公告、@全体成员的方式,对分享信息进行反复通知,确保更多成员了解分享活动,并参与进来
暖场	在分享活动正式开始前,需要一位主持人对分享内容、分享嘉宾等进行介绍,为分享活动暖场,营造合适的氛围,引导成员提前做好准备
控制	在分享的过程中,应该时刻注意是否有社群成员干扰分享进程,维护分享秩序
互动	在分享过程中,如果设计了嘉宾与成员互动的环节,主持人应该积极引导,甚至提前安排活跃气氛的人,避免冷场
福利	为了提高社群成员的积极性,分享结束后可以设置奖励环节,向表现出彩的成员赠送一些福利,吸引社群成员参与下一次分享活动
宣传	营销人员应该总结分享内容,在各种社交媒体平台进行分享传播,打造社群口碑,扩大社群的整体影响力

2. 社群交流

社群交流是指挑选一个有价值的话题,发动社群成员参与讨论,输出高质量的内容。与社群分享一样,在进行社群交流前、中、后需要做好专业的组织和准备。

（1）策划活动。在进行交流前,必须考虑好参与交流的人、交流的话题,以及话题组织者、主持人、控场人员等角色。交流的话题会影响讨论的效果,通常应选择简单、方便交流、有热度、有情景、与社群相关的话题。合理分配角色则可以保证社群交流的秩序和氛围,使活动顺利进行。

（2）预告暖场。在进行社群交流前,可以设置预告环节,将活动相关信息展示给社群成员,如主题、时间、人物等,吸引更多社群成员参与交流,还可以设置暖场环节,调动社群成员的积极性,营造良好的交流氛围。

（3）交流过程。一般来说,社群交流只需要按照预先设计的流程进行即可,包括开场白、交流、过程控制、其他互动和结尾等。需要注意的是,当交流过程中出现偏离交流主题甚至无意义的"刷屏"内容时,应该及时将话题拉回主题,控制场面,并对破坏秩序的社群成员予以警告。

（4）交流结束。社群交流结束后,主持人或组织者需对活动进行总结,将有价值的交流内容整理出来,总结活动经验与不足,对活动过程、收获等进行分享和传播,扩大社群影响力。

3. 社群福利

社群福利是提升社群活跃度的有效工具,可将其加入社群激励规则,鼓励社群成员积极参与社群活动。一般来说,不同的社群福利制度不同,规模较小的社群大多使用单种福利制度,规模较大的社群则同时使用多种福利制度,社群福利的类型及要点说明如表 4-14所示。

表 4-14　社群福利的类型及要点说明

类　型	要　点　说　明
物质福利	物质福利是指为表现优异的成员提供物质奖励,一般为实用物品,或是具有社群个性化特色的代表性物品,如社群徽章、社群定制纪念品等
现金福利	现金福利是指为表现优异的成员提供现金奖励,多为奖金的形式
优惠福利	优惠福利是指在表现优秀的成员再次购买商品时给予优惠,如减少课程费用、赠送额外的讲师辅导课时等
荣誉福利	荣誉福利是指为表现优异的成员提供相应的荣誉奖励,如奖杯、勋章、特定头衔等。合理的荣誉福利能够大幅度提高社群成员的积极性
虚拟福利	虚拟福利是指为表现优异的成员提供积分等虚拟奖励,当虚拟奖励积攒到一定程度的时候,就可以领取相应的实际奖励

4. 社群打卡

社群打卡是指为了培养社群成员良好的习惯、行为而采取的方式,是监督和激励社群成员完成任务的手段，可激励成员不断进步。

（1）设置打卡规则。社群打卡应该设置严谨的规则，保证社群成员坚持打卡，积极实现个人目标。打卡规则可以从以下四个方面进行设置，如表 4-15 所示。

表 4-15　社群打卡规则及要点说明

规　则	要　点　说　明
押金规则	成员加入社群前，需交纳一定押金，在规定时间内，若完成目标则退还押金；未完成任务的成员的押金，则自动转为奖金，按比例奖励给表现优异的成员。使用押金制度时，可设置相应的积分规则，在初始积分的基础上进行加减，对最终的积分进行比较
监督规则	社群管理者对打卡情况进行统计、监督、管理，定期将整个社群的打卡情况以图片、消息、文档、群公告等形式发送到社群中，激励社群成员坚持打卡
激励规则	定期给予表现优异的社群成员奖励，以激发社群成员的积极性。奖励的形式多种多样，可以是红包、徽章、头衔等
淘汰规则	将打卡完成度低的社群成员淘汰，或给予惩罚，或让其通过某种方法弥补

在打卡进程中，可根据打卡情况总结优劣势，对打卡规则进行优化、升级，保持社群成员打卡的积极性。

（2）营造打卡氛围。一个积极、健康的打卡社群必定拥有良好的打卡氛围。下面对有利于营造打卡氛围的一些因素进行介绍，如表 4-16 所示。

表 4-16　营造打卡氛围的因素及要点说明

因　素	要　点　说　明
树立榜样	榜样有一种可以激励社群成员不断成长、前进的力量。在社群中，可将表现好、有恒心、能激励其他成员的社群成员，往期打卡活动中表现最好的成员，本次活动中最积极的成员挑选出来作为榜样
互相鼓励	大部分加入打卡社群的成员是为了让自己变得更好，但打卡需要长期坚持，所以同伴的鼓励对社群成员来说尤为重要
设置竞争	在社群中设置竞争机制，可以调动社群成员的积极性，营造良好的打卡氛围，如对积极打卡的社群成员给予更多特权和奖励
提供惊喜	提供惊喜是指不定时给予社群成员一些意料之外的福利，如给积分最高的成员以实物奖励
调动感情	社群需要以一定的情感为纽带才能更好地团结在一起，因此在打卡过程中，管理人员可以通过挖掘社群成员的打卡故事，如每天坚持在某一时间打卡等，让社群成员之间形成对比，增加社群成员之间的黏性

4.3.2　线下策划与推广

在新媒体时代，只有线上与线下相结合才是顺应潮流的运营方式。线上交流虽然很方便，但线下交流更容易促进社群成员之间的感情联系，加强社群的凝聚力。在线下举办社群活动,可以让社群成员更有归属感,也可以使社群成员之间的关系从单纯的网络好友延伸到现实好友,连接到社群成员的生活、人脉圈中,使关系更牢固。

1. 线下活动的类型

社群线下活动包括核心成员聚会、核心成员和外围成员聚会、核心成员地区性聚会等。核心成员和外围成员聚会人数多,组织难度大,核心成员地区性聚会则组织方便,容易成功。可以通过消息、视频、图片等方式将聚会实况发布到社群或社交平台,扩大社群影响力,提高社群成员黏性,持续激发和保持社群的活跃度,刺激更多成员积极参与线下活动。

2. 线下活动的策划

要策划一场精彩的线下活动,必须把控好活动的每一个步骤。

(1) 活动前的准备工作。在开展社群线下活动前,应确定活动目的、了解用户需求、进行合理规划,如表 4-17 所示。

表 4-17 活动前的准备工作及要点说明

准 备 工 作	要 点 说 明
确定活动目的	在开展社群活动前,需要确定活动目的,如知识分享、感情联络等。目的不同,开展的活动不同,其要求也有所不同
了解用户需求	在策划线下活动前,可在社群中征集社群成员的意见,了解社群成员希望举办的活动类型
进行合理规划	在开展社群活动前,需要对活动方案、活动流程、活动预算等进行规划,并做好应对活动过程中可能遇到各种问题的准备

(2) 开展活动。开展活动包括宣传推广、对外联系和活动开展三个部分,如表 4-18 所示。

表 4-18 开展活动的内容及要点说明

内 容	要 点 说 明
宣传推广	确定活动信息后,需要在微信、QQ、简书、大鱼号、百家号等平台对活动进行宣传推广。另外,还要安排参与人员报名、设计活动海报并进行发布、邀请媒体、收集活动参与人员关于活动的建议、针对活动进行直播、发布活动过程中的合影照片等事宜
对外联系	与活动相关合作方联系,如场地和设备等的洽谈、嘉宾的邀请等。该部分需要确认活动场地和设备正常工作、邀约的活动嘉宾和分享文稿无误
活动开展	线下活动的重要部分,应把握活动节奏、维持现场秩序、保证人员安全等

3. 线下活动的总结

一项活动不可能是完美无缺的,所以营销人员需要总结活动好的方面、成功的经验,并发现活动中出现的问题,思考如何在下一次活动中避免发生这些问题。线下活动总结主要包括以下两个方面内容。

（1）活动复盘。活动结束后，营销人员应对此次活动的流程进行复盘，包括活动规划、宣传推广、对外联系、活动开展等方面。

（2）总结经验与改进。浏览复盘的活动流程，总结其中的成功之处与出现的问题。在进行总结时，可从以下五个方面进行思考，如表 4-19 所示。

表 4-19　活动的总结与要点说明

总　　结	要　点　说　明
活动物料清单	此次活动的物料准备是否出现了不够或剩余太多的情况，分析其产生的原因，思考改进方法
活动主持流程	活动的主持流程有哪些不足之处，与事先设置的环节有哪些出入，该如何改进
文案亮点内容	活动宣传文案有哪些亮点，是否为偶然现象，有无借鉴意义
成功经验	举办这次活动，可以从中总结出哪些较为成功的经验，在举办下一次活动时是否可以保留和借鉴
有效环节	举办活动时有哪些新奇、有亮点的环节，取得了什么样的效果

项目考核

一、填空题

1.　_____是指通过社群达成交易，在产品和用户之间建立情感联系，通过产品和用户共同的作用，打造一个自主运转、自主循环的经济系统。

2. 社群名称是用户对社群的第一印象，是用户了解社群的_____。

3.　_____是指对社群成员日常行为的一系列规范，一般展示在群公告中。

4. 社群分享一般包括灵魂人物分享、嘉宾分享、_____和总结分享四种。

5. 社群福利是提升社群活跃度的_____，可将其加入社群激励规则，鼓励社群成员积极参与社群活动。

二、判断题

1. 社群是基于一种需求和爱好把志同道合的人聚集在一起，形成的一种关系圈子。

（　　）

2. 社群口号在社群运营过程中可以起到宣传品牌精神、反映社群定位、丰富成员联想、使社群名称和标识清晰的作用。

（　　）

3. 考核规则是指对考核成绩优秀的社群成员进行奖励，奖励形式可以是现金、物品、优惠券等。

（　　）

4. 社群打卡是指为了培养社群成员良好的习惯、行为而采取的方式，是监督和激励社群成员完成任务的手段，可激励成员不断进步。

（　　）

5. 开展线下活动包括宣传推广和活动开展两个部分。

（　　）

三、简答题

1. 简述社群的构成。
2. 简述社群营销的必备条件。
3. 简述社群营销的流程。
4. 简述社群的结构。
5. 简述社群福利的类型。

项目 5

直播营销

学习目标

知识目标

（1）了解直播营销的含义、特点、优势与价值。

（2）熟悉直播营销的主流平台。

（3）掌握直播营销设备的选择与场地布置。

（4）掌握直播间的选品与商品规划。

技能目标

（1）能够对直播营销的预告及脚本进行策划。

（2）能够对直播间进行引流推广。

（3）能够设计直播语言技巧。

（4）能够对直播数据进行监测与优化。

素养目标

培养学生诚实守信、遵纪守法的职业精神。

引导案例

小米 MAX 直播营销推广

小米在营销方面一直奇招频出。为了推广小米 MAX，小米首席执行官雷军开启了直播，吸引了大量消费者前去围观。在直播中雷军不仅向消费者展示了小米 MAX 的性能优势，还讲解了许多关于伪基站的知识，获得了不少关注。

小米 MAX 直播推广获得了巨大的成功，直播带来的巨大流量能够带来惊人收益。雷军把握住这个机会，提升了小米 MAX 的销量。

从上述案例中可以发现，企业通过直播营销进行商品宣传能够获得两方面的好处。

（1）极具创意的现场直播营销方式，为广大消费者带来了"所见即所得"的消费体验。消费者看到主播在挑选商品，就好像自己置身于商场中。经验丰富的主播凭借专业的介绍能激发消费者的购买热情。

（2）企业通过广告、公关与直播的营销组合，在直播场景中植入商品信息，让网购变为直播的一部分。这样不仅可以减少消费者的抵触情绪，而且可以让消费者接受企业的经营宗旨，对提升品牌形象有很大的促进作用。

　　每一次的媒介变革都会带来一场营销革命。直播营销之所以能快速得到大众的认可,是因为它的特殊性。企业如果能恰当地利用直播营销,就能使这场媒介变革成为企业经营发展的助推器。

案例拆解任务单

实训地点:	教室:	小组成员:

一、任务描述

　　1.实训任务:案例拆解。

　　2.实训目的:了解直播营销相关知识。

　　3.实训内容:①以小组为单位,分工搜集"小米 MAX 直播营销推广"的相关信息;②以"小米 MAX 直播营销推广"为基础,分析如何进行营销推广;③完成一份案例分析报告并制作案例分析汇报 PPT。

二、相关资源

　　以"小米 MAX 直播营销推广"等为关键词,查询与小米 MAX 有关的网络资料。

三、任务实施

　　1.完成分组:4～6 人为一组,选出组长。

　　2.围绕该案例,在网络上查询与"小米 MAX 直播营销推广"有关的信息并进行整理和分析,然后提交案例分析报告。

　　3.小组分工撰写汇报 PPT,完成后选出代表进行汇报。

四、任务执行评价

任务评分标准

序号	考核指标	所占分值	评价要点	得分
1	完成情况	20		
2	内容	60		
3	分析质量	20		
		总　　分		

任务 5.1　直播营销认知

　　互联网技术日新月异,种类繁多的网络直播平台犹如雨后春笋般涌现。网络直播以压倒性态势占据了创投领域第一热门的位置,且久居不下。随着直播行业的蓬勃发展,企业、品牌商纷纷运用直播来开展营销活动,实现销售渠道的开拓和销售额的提升。

5.1.1　直播营销的含义与特点

　　直播营销是指企业或个人以直播平台为载体进行营销,以实现提升影响力和提高商品销量目的的一种营销活动。直播营销能够快速吸引用户的注意力,因此成为深受欢迎的营销手段。

对现在的企业而言，营销至关重要，不同行业有不同的营销方式，直播营销可以给企业带来巨大的利益。直播营销具有以下四个特点。

1. 准确捕捉好奇心

面对一些行业性质较为高端的企业，如 B2B 与医疗业时，消费者对其运作流程会抱有一定的好奇心理。这时候文字描述虽然可以答疑解惑，但难免显得有点冰冷，图片虽美观，却也只是一个定格的瞬间，视频虽然形象不少，与直播相比还是少了让人身临其境的感觉。若想激发和满足用户对产品的好奇心，大可试试直播营销，运用展示互动实时信息同步和全方位详细展示的特性，实现和用户时间、空间、信息的同步，为用户带来更加真实详尽的体验。

2. 消融品牌与用户间的距离感

运用展示互动直播营销，全方位实时向用户展示最为直观的品牌制造过程、部分生产流程、企业文化的塑造和交流等，让用户对品牌的理念和细节更加了解，就能直观地感受到产品和背后的文化，自然而然地拉近了企业与潜在购买者的距离，消融了品牌与用户间的距离感。

3. 身临其境，制造沉浸感

营销宣传环节的用户契合问题一直是实体企业家们最头疼的问题。直播营销恰恰能解决这个问题。利用直播特有的信息实时共享性，直播服务流程，如产品、景观特色、实地硬件设置（如酒店房间配备、景区实景观测等），让用户感受到细节，为用户打造身临其境的场景化体验，制造用户沉浸感，与用户共享这场感官盛宴，实现辐射范围的最大化。

4. 发出转型信号

企业大可运用直播营销创新新颖、美观时尚的直播界面、丰富有趣的打赏方式，加上企业别出心裁的直播内容，使企业的宣传方式焕然一新，消除用户心目中的刻板印象，向时代发出营销传播转型的信号。

5.1.2　直播营销的优势与价值

1. 直播营销的优势

2020 年年初，各类线下服装店、超市、企业、品牌纷纷转战直播营销行业，直播营销领域呈现一派生机盎然的景象。直播之所以受到企业、品牌和商家的青睐，是因为其具备以下七大优势。

（1）更高效的销售服务。任何一个直播间，可同时接待的用户人数远远超过线下导购场景，能在短时间内服务更多的潜在用户。

（2）更个性的信息传递。在直播间，主播可以根据用户的个性化需求有选择性地展示用户感兴趣的商品，并充分地展示商品的特点。

（3）更快捷的场景导入。用户在网店浏览商品图文详情页或翻看商品参数时，需要在大脑中自行构建场景;而直播营销完全可以将主播试吃、试玩、试用等过程直观地展示在用户面前,更快捷地将用户带入营销所需场景。

(4)更真实的商品感知。直播具有即时性的特点,能增强用户对商品的真实感知,提升用户的消费信赖感。

(5)更及时的销售互动。用户在直播间提问后,可以获得即时反馈,主播也可以通过用户在直播间的真实情绪快速做出反应,缩短用户消费决策的时间。

(6)更活跃的营销氛围。在直播间,用户更容易受到环境的影响而产生消费行为。这种环境影响,可能是"看到很多人都下单了"的"从众心理",也可能是"感觉主播使用这款商品效果不错"产生的"榜样效应",还可能是主播语言技巧里的紧迫感触发的"稀缺心理"。不管具体原因是什么,在主播营造的氛围下,用户更容易产生消费欲望。

(7)更直接的营销反馈。直播间的互动是双向的、即时的,主播将直播内容呈现给用户的同时,用户也可以通过弹幕的形式分享体验。借助直播,主播可以获悉老用户的使用意见,观察新用户的观看反应,从而有针对性地在后续的直播中进行改进和优化。

2. 直播营销的价值

直播营销不但可以帮助企业高效获取精准用户,而且可以提高销售效率。直播营销的价值包括为企业创造品牌价值,帮助企业高效获取精准用户,维护、开拓销售渠道,有效提高商品销售转化率。

(1)为企业创造品牌价值。在直播营销中,直播作为一种工具,可以为企业创造品牌价值。一些国际企业即使已经具备了一定的品牌影响力,也会采用直播来创造、维护品牌价值,甚至将直播创造的品牌价值作为品牌竞争的有力武器。直播已成为企业建立品牌形象的必要路径,因为企业品牌形象的建立几乎都是围绕"品牌曝光"进行的。

(2)帮助企业高效获取精准用户。企业进行直播营销的目的之一是发现和挖掘用户需求,让用户了解企业产品,并最终形成用户消费黏性,为企业培养、挖掘一批忠实用户。企业通过直播获取精准用户的途径及要点说明如表 5-1 所示。

表 5-1　企业通过直播获取精准用户的途径及要点说明

途　径	要　点　说　明
通过 KOL 获取精准用户	关键意见领袖(key opinion leader,KOL)是营销学上的概念,通常被定义为拥有更多、更准确的商品信息,且为相关群体所接受或信任,并对该群体的购买行为有较大影响力的人。KOL 拥有较好的粉丝基础,更容易对自己影响的群体进行营销,企业可以通过 KOL 获取精准用户
直播 IP 的打造	企业打造直播 IP,通俗来说就是打造有影响力的直播品牌。IP 其实就是知识产权(intellectual property),是知识积累到一定量级后输出的精华。企业建立的直播 IP,是企业的品牌资产,可以帮助企业获取精准用户

(3)维护、开拓销售渠道。企业已有的成熟销售渠道是企业商品销量的主要路径。企业需要对这种渠道进行维护,防止用户流失导致销量下降。维护成熟销售渠道的方式就是社交,而直播平台作为当下较流行的社交平台,可有效提高企业销售效率,用于维护这种销售渠道。

近年来,直播营销逐渐成为企业开拓销路的新渠道。地方政府和直播平台积极组织和推动大批企业直播卖货。随着直播营销的工具价值不断被开发,在直播平台、商家、MCN(多频道网络)机构、主播的踊跃进入和用户的认同追随下,直播营销已成为最具潜力的新兴销售渠道之一。

(4)有效提高商品销售转化率。直播通过现场互动的方式刺激用户在观看过程中直接购买商品。通常情况下,粉丝更多的主播能够为用户争取更大的商品优惠力度,因此用户也更愿意消费。当直播中的商品在用户心中留下良好的印象时,品牌的形象自然会获得一定的加分。

5.1.3　直播营销的主流平台

经过激烈的市场竞争,目前快手、抖音和淘宝已经成为直播营销行业的巨头。下面介绍几个常见的直播平台。

1. 快手

快手是北京快手科技有限公司旗下的平台,最初是一款用于处理图片和视频的软件,后来转型为短视频社区。快手的定位为"记录世界,记录你",其开屏界面的文案是"拥抱每一种生活",快手首页如图 5-1 所示。

随着直播的发展,快手加入了直播功能。在直播内容上,快手有很强的"网络直播"氛围,用户与主播的互动率较高。在快手上不仅可以发布短视频,也可以通过直播销售商品,快手直播如图 5-2 所示。

图 5-1　快手首页

图 5-2　快手直播

2. 抖音

抖音于 2016 年 9 月上线,是北京抖音信息服务有限公司推出的一款音乐创意短视频社交软件,具有用户群体量大、转化率高、推送精准等特点。随着直播电商的爆发式发展,抖音加大力度自建抖音小店,开始签约"带货"主播,同时在供应链端与直播基地签约,抖音直播如图 5-3 所示。

3. 淘宝直播

淘宝直播诞生于 2016 年 4 月 21 日,是阿里巴巴网络技术有限公司推出的消费生活类直播平台。在淘宝直播平台上,用户可以一边看直播,一边与主播互动交流、领取优惠券并选购商品等。

淘宝直播的产生是基于整个淘宝平台,所以淘宝用户在适当的引导下有可能成为淘宝直播的用户。用户在淘宝直播中的购物需求相对明确,所以使用淘宝直播的目的是想具体、有针对性地了解某款商品。淘宝直播如图 5-4 所示。

图 5-3　抖音直播

图 5-4　淘宝直播

4. 拼多多

拼多多成立于 2015 年 9 月,是国内移动互联网的主流电子商务应用产品平台,专注于 C2M(从消费者到生产者)拼团购物的第三方社交电商平台,拼多多直播如图 5-5 所示。用户通过发起和朋友、家人、邻居等的拼团,可以以更低的价格,拼团购买优质商品。

拼多多旨在凝聚更多人的力量,用更低的价格买到更好的东西,体会更多的实惠和乐趣。通过沟通分享形成的社交理念,形成了拼多多独特的新社交电商思维。

5. 小红书

小红书是女性社交内容"种草"平台,具有很强的社交、"种草"属性,用户主要以图片和文字的形式记录生活和分享日常。所谓"种草",就是用户与他人分享,让他人对商品、景区、电视剧、电影等的消费体验有一定的了解,然后产生兴趣并进行消费。可以这么说,小红书凭借丰厚的流量红利将"种草"化于无形。小红书直播如图 5-6 所示。

图 5-5　拼多多直播

图 5-6　小红书直播

6. 京东直播

京东直播是京东电商平台推出的一种新型直播形式,京东直播具有用户群体精准、商品品质有保证、购物流程便捷、营销手段多样、内容营销能力强、技术支持完善、平台资源丰富、品牌信誉良好、社区氛围浓厚和数据分析精准等特点和优势。这些特点和优势使京东直播在电商领域具有较强的竞争力和较大的市场占有率,为品牌和商家提供了广阔的营销平台。京东直播如图 5-7 所示。

图 5-7　京东直播

任务 5.2 直播营销的策划

直播营销已经深入千家万户,成为广大企业营销的利器。在直播营销盛行的互联网时代,直播营销策划常用于形容个人、企业、组织机构开始直播之前,有目的的计划、规划等。做好直播营销策划有利于直播营销的顺利开展。

5.2.1 直播营销的预告策划

直播营销预告是为了让用户提前大概了解直播的内容,这样对直播感兴趣的用户就可以在直播时及时进入直播间,从而提高直播间的在线人数。因此,要想获得强曝光、高人气,就要做好直播营销的预告策划。

1. 设置直播预告标题

标题的最大作用是吸引用户进入直播间观看。一个好的标题应该能够准确定位直播内容,并引起用户的观看兴趣。直播预告标题的字数不宜过多,5～15 字为宜,用一句话来展示直播内容的亮点,一定要避免空洞无物,没有信息量。

(1)直播预告标题的类型。直播预告标题可大致分为内容型、活动型和福利型三种类型,如表 5-2 所示。

表 5-2 直播预告标题的主要类型及要点说明

类 型	要 点 说 明
内容型	内容型标题主要体现直播推荐商品的功能和特点。例如,服装类直播会重点介绍如何搭配才能凸显身材和气质,因此可拟标题"教你如何搭配出完美夏日着装""今夏'最潮'穿搭""糟糕!是心动的穿搭"等
活动型	活动型标题大多展示直播间商品的包邮条件、折扣优惠、限时抢购信息等,可以通过低价或促销活动吸引大部分用户进入直播间,如"新品五折,福利发不停""品牌童装,限时秒杀"等
福利型	福利型标题与活动型标题很相似,都是展示利益点,让用户心动。福利型标题大多为关注有礼、随机抽奖、直播间赠送商品等,一般是为了"引流"、增加粉丝,用少量的成本吸引流量,为之后的销售做好铺垫,如"关注主播,买鞋送袜""直播间指定款买一送一"等

(2)直播预告标题的写作方法。直播预告标题写作可以运用以下八种方法,如表 5-3 所示。

表 5-3 直播预告标题的写作方法及要点说明

写 作 方 法	要 点 说 明
戳中痛点	所谓戳中痛点,就是指以用户在生活中的烦恼为核心,将商品与解决烦恼的方式联系在一起,巧妙地运用到直播标题中

续表

写 作 方 法	要 点 说 明
逆向表达	主播可以运用逆向思维，从另一角度看事物，逆向表达，从而吸引用户的注意力
利用好奇心	好奇是人的天性，因此主播可以合理利用人的好奇心来设置标题，制造悬念，从而吸引用户的注意，提升用户观看直播的兴趣
借势热点	有热点的地方就会有流量。主播可以在标题中借助热点来吸引用户观看。主播所借的热点可以是节日热点，也可以是事件热点
传达利益点	传达利益点就是给用户传递类似"不仅可以在直播间买质优价廉的商品，还可以学到实用技能，获得实用知识"这样的信息
传递紧迫感	让标题充满紧迫感是召唤行动的一种表示，感受到紧迫感的用户会迅速点击进直播间观看直播
制造娱乐效果	现在人们的生活压力很大，所以轻松幽默、带有娱乐效果的直播内容非常受欢迎，直播标题也可以采用幽默的语言迅速吸引用户的目光
巧借数字	在众多直播界面中，用户对单个直播标题的浏览时间往往不会超过 1 秒，要想在如此短的时间内抓住用户的眼球，主播可以巧借数字，让直播标题变得更加直观和简洁

2. 打造优质的直播预告封面图

封面图是直播的门面，好的封面图可以引发用户的观看兴趣，因此封面图已成为直播间流量高低的直接关联因素，这就要求直播封面图一定要足够吸引人。打造优质直播预告封面图的原则如表 5-4 所示。

表 5-4　打造优质直播预告封面图的原则及要点说明

原 则	要 点 说 明
干净、清晰、整洁	封面图一定要干净、整洁，杂乱无章会影响用户阅读。模糊不清的封面也会影响用户的浏览体验，可能导致用户在看到封面图的第一眼就略过
图片尺寸合理	直播封面图的尺寸一般为 750 像素×750 像素，最小不能低于 500 像素×500 像素
色彩构成合理	直播封面图的色彩要鲜艳，但不要过分华丽，能体现直播主题即可。坚决杜绝任何形式的"牛皮癣"，否则会影响重要内容的呈现
背景禁用白色	直播界面的背景是白色，如果封面图的背景也选择白色，就会导致图片不够突出、醒目，很难吸引用户，所以封面图的背景禁用白色
封面图要考虑固定信息的展现	封面图的固定信息包括左上角的直播观看人数和右下角的点赞量，封面图的重要内容一定要避开左上角和右下角，以免与直播观看人数、点赞量等构成部分相互干扰，影响观看体验
禁用合成图	为了不影响直播整体的浏览体验，封面图要放置一张自然、简洁的图片。如果放合成图，一旦拼接得不好，就会影响视觉效果
封面图不要雷同	如果直播次数很多，直播封面图尽量不要使用同一张或相似的图片，这样会让用户以为内容是相同的，从而降低直播间的点击率

续表

原　　则	要 点 说 明
符合直播主题	封面图要尽量契合直播主题,让用户在看到直播封面图时就能大概知道直播的内容是什么,并且决定要不要进入直播间
拒绝低俗	有些主播为了引人注意,封面图会使用一些低俗的图片,这样的图片被官方检测到后,封面就会被重置,从而降低封面的吸引力,严重者还会被封禁账号
打标要规范	在为直播封面图打标时,要根据规范打在同一位置,保持整体的一致性。标一般固定在封面图的右上角,不能移动,其最大尺寸为180像素×60像素

3. 直播预告文案的规范

直播预告文案是吸引用户进入直播间的第一扇门。如果直播预告文案毫无吸引力,就可能将80%的用户拦在门外。直播预告文案怎么写才规范呢?怎么写才能吸引用户呢?

(1)主题展示。直播的主题是预告文案中最重要、关键的内容,需要向大家展示直播的时间、平台和主要内容。这部分一定要放在文案最显眼的位置,避免宣传了很多用户却不知道在哪看,做无用功。

(2)亮点呈现。直播预告文案如果是没有任何吸引力的简单的通知,用户看了也不会进直播间。在设计预告文案时,一定要善于包装直播内容,将直播策划的亮点展示出来。

(3)设置悬念。直播文案预告中,不必将所有的亮点、福利都告诉用户,以免用户失去兴趣。文案中应该留有一定的悬念,以勾起用户的好奇心。

(4)搭建场景。在预告文案中,应该围绕主题为用户搭建直播场景,让用户通过文字联想自身的实际情况,更好地参与直播。

(5)传递价值。很多人看直播不只是为了打发时间,观看直播能得到什么也是用户关心的重点。因此,在直播预告文案中,主播可以瞄准用户关心的重点,提出解决方法,从而展现直播的价值。

5.2.2　直播营销的脚本策划

直播营销的脚本分为单品脚本和整场脚本两大类:单品脚本是指单个商品的脚本,它是围绕商品来撰写的,核心是突出商品卖点;整场脚本是对直播方案的执行规划,它的针对性强,是对直播流程和内容的细致说明,可以让直播团队各岗位人员明确岗位职责,进行默契配合。因此,直播营销的脚本策划也分为单品脚本策划和整场脚本策划。

1. 单品脚本策划

单品脚本是概括介绍单个商品的脚本,其内容包含商品的品牌介绍、商品的功能和用途、商品价格等内容。在一场时长为2～6小时的直播中,主播需要推荐多款商品。因此,单品脚本需要以表格的形式罗列多款商品的特点和利益点。表5-5所示为某品牌一款高压锅的单品脚本。

表 5-5　某品牌一款高压锅的单品脚本

项　目	商品卖点	具　体　内　容
品牌介绍	品牌理念	××品牌以向用户提供精致、创新、健康的小家电产品为己任，该品牌主张以愉悦、创意、真实的生活体验丰富人生，选择××品牌不只是选择一款产品，更是选择一种生活方式
商品卖点	用途多样	具有压、煮、涮、炒等多种烹饪功能
	产品具有设计感	容量适当，一次可以烹饪一个人、一顿饭的食物；锅体有不粘涂层，清洗简单
直播利益点	"双十一"特惠提前享受	今天在直播间内购买此款电热锅享受与"双十一"活动相同的价格，下单时备注"主播名称"即可

2. 整场脚本策划

整场脚本策划，即直播团队策划并撰写直播过程中每一个环节的关键内容。一个简洁的策划方法是先规划时间，再整合工作内容，完成脚本策划。以 2 小时直播推荐 5 款商品的计划为例，进行整场脚本策划说明。

（1）计算每款商品的推荐时长。假如预热时长和互动时长等非推荐商品时长预计为 40 分钟，那么这 5 款商品的总推荐时长是 80 分钟，平均每款商品的推荐时长是 16 分钟。将这个时间改为浮动时间，即可设计每款商品的推荐时长为 10～20 分钟。

（2）设计每款商品的具体推荐时长。假如这 5 款商品包括 1 款特价包邮的引流款商品、1 款高性价比的印象款商品、2 款靠"走量"来盈利的利润款商品、1 款限购的"宠粉"款商品，那么在这场直播中，印象款商品和利润款商品需要主播进行更多、更全面的介绍；引流款商品、"宠粉"款商品由于价格低廉，限时限量，主播可以安排较短的介绍时长。如此分析后，即可设计这 5 款商品的推荐时长，如表 5-6 所示。

表 5-6　5 款商品的推荐时长

商　品	引流款商品	印象款商品	利润款商品	"宠粉"款商品	利润款商品
推荐时长	10 分钟	20 分钟	20 分钟	10 分钟	20 分钟

（3）设计非推荐环节的时长。一场直播中，除了推荐商品，还有开场后的打招呼环节、暖场环节、活动剧透环节、福利抽奖环节、主播讲故事环节、下期预告环节等，主播可以按照剩余总时长对这些环节进行适当分配，如表 5-7 所示。

表 5-7　其他环节的时间规划

环节	打招呼	暖场	活动剧透	福利抽奖	主播讲故事	下期预告
推荐时长	3 分钟	7 分钟	5 分钟	10 分钟	10 分钟	5 分钟

（4）各个环节的时间规划。经过以上分析即可确定各个环节的时间规划，如表 5-8 所示。

表 5-8 各个环节的时间规划

环节	打招呼	暖场	活动剧透	福利抽奖	介绍引流款商品	介绍印象款商品
开播时间	0～3 分钟	3～10 分钟	10～15 分钟	15～20 分钟	20～30 分钟	30～50 分钟
环节	介绍利润款商品	主播讲故事	福利抽奖	介绍"宠粉"款商品	介绍利润款商品	下期预告
开播时间	50～70 分钟	70～80 分钟	80～85 分钟	85～95 分钟	95～115 分钟	115～120 分钟

（5）整合主题和分工,策划整场脚本。根据直播过程中各个环节的时间规划,结合直播主题、直播目标及参与人员的工作内容,即可策划整场脚本,如表 5-9 所示。

表 5-9 直播活动的整场脚本

直播活动概述	
直播主题	可以从用户需求的角度设计直播主题,如"新年狂欢福利专场""穿搭的小秘诀"
直播目标	流量目标:吸引 5 万名用户观看;销售目标:从直播开始至直播结束,直播中推荐的新品销量突破 6 万件
主播人员	主播:×××;助理:×××;客服:×××
直播时间	××××年××月××日,19:00—21:00
注意事项	合理把控商品讲解节奏; 适当提高商品功能的讲解时间; 注意对用户提问的回复,多与用户进行互动,避免直播冷场

直播流程

时间段	流程	人员分工		
		主播	助理	后台/客服
19:00—19:03	打招呼	主播进入直播状态,和用户打招呼,进行简单互动	助理进行简单的自我介绍,引导用户点赞	向用户群推送开播通知
19:04—19:10	暖场互动	介绍抽奖规则,引导用户关注直播间	演示抽奖方式,回复用户问题,引导用户点赞	向用户群推送直播信息
19:11—19:15	活动预告	预告今日推荐的商品和优惠力度	补充主播遗漏的内容,引导用户点赞	—
19:16—19:20	福利抽奖	介绍奖品和抽奖规则,引导用户参与抽奖	介绍参与抽奖的方法,引导用户点赞	收集获奖信息
19:21—19:30	介绍商品 1	介绍引流款商品,展示使用方法,分享商品使用经验	配合演示商品用法,展示使用效果,引导用户下单	在直播间添加引流款商品链接,回复关于商品和订单的问题
19:31—19:50	介绍商品 2	介绍印象款商品,展示使用方法,分享商品使用经验	配合演示商品用法,展示使用效果,引导用户下单	在直播间添加印象款商品链接,回复关于商品和订单的问题

续表

直播流程				
时间段	流程	人员分工		
		主播	助理	后台/客服
19:51—20:10	介绍商品3	介绍利润款商品，展示使用方法，分享商品使用经验	配合演示商品用法，展示使用效果，引导用户下单	在直播间添加利润款商品链接，回复关于商品和订单的问题
20:11—20:20	主播讲故事	主播讲述自己或团队的故事	配合主播讲故事，引导用户点赞	收集直播间用户的反应
20:21—20:25	福利抽奖	介绍奖品和抽奖规则，引导用户参与抽奖	介绍参与抽奖的方法	收集获奖信息
20:26—20:35	介绍商品4	介绍直播间的"宠粉"活动，介绍"宠粉"商品，介绍加入粉丝团的方法	引导用户加入粉丝团，展示商品的用法和效果，引导用户下单	在直播间添加"宠粉"款商品链接，回复关于商品和订单的问题
20:36—20:55	介绍商品5	介绍利润款商品，展示使用方法，分享商品使用经验	配合演示商品用法，展示使用效果，引导用户下单	在直播间添加利润款商品链接，回复关于商品和订单的问题
20:56—21:00	下期预告	预告下一场直播	引导用户关注直播间	回复关于商品和订单的问题

5.2.3　直播营销设备选择与场地布置

优质的直播效果依赖专业的直播设备以及直播场地的布置，直播设备的性能直接影响直播内容的输出，直播场地是传达产品视觉形象的重要途径。

1. 直播设备的选择

（1）计算机与手机的选择。用于直播的两大设备是计算机和手机，两者各有利弊。下面为大家详细讲述如何选择计算机和手机。

① 计算机。在直播过程中，商品的上下架、直播福利发放、直播弹幕管理等活动均需要借助计算机完成，因此，专业的直播间一般会准备至少一台计算机，以便场控人员配合主播的节奏完成直播后台的相关工作。

② 手机。与计算机直播相比，手机直播的方式更加简单和方便，只需要一台手机，然后安装一款直播平台的 App 即可。手机的直播功能没有计算机强大，有些专业的直播操作在手机上无法实现，所以直播对手机配置的要求没有计算机那么高。虽然如此，对手机设备的选购也是需要仔细考虑和斟酌的。

（2）话筒的选择。常见的声音设备就是话筒（又称为麦克风），主要分为动圈话筒和电容话筒。

① 动圈话筒。动圈话筒结构牢固、性能稳定、经久耐用，显著特点是声音清晰，能够将高音真实地还原，不足之处在于收录的声音饱满度较低。动圈话筒又分为无线动圈话筒和有线动圈话筒，动圈话筒如图 5-8 所示。

② 电容话筒。电容话筒相较于动圈话筒的优点主要有声音悦耳,极少产生尖锐的高音带来的突兀感,噪声小,收音能力强,声音还原度高。如果直播唱歌,建议主播配置电容话筒。由于电容话筒灵敏度高,主播在直播时很容易形成"喷麦",因此主播使用电容话筒时可以给其装上防喷罩。电容话筒如图5-9所示。

图 5-8　动圈话筒

图 5-9　电容话筒

（3）摄像头的选择。摄像头是直播的基础设备,目前既有固定支架摄像头,也有软管式摄像头,还有可拆卸摄像头。

① 固定支架摄像头。固定支架摄像头可以独立置于桌面,或者夹在计算机显示器屏幕顶端,使用者可以转动摄像头的方向,如图5-10所示。这种摄像头的优势是比较稳定,有些固定支架摄像头甚至自带防震动装置。

② 软管式摄像头。软管式摄像头带有一个能够随意扭曲的软管支架,如图5-11所示。这种摄像头上的软管能够多角度调节,有助于主播实现多角度拍摄。

图 5-10　固定支架摄像头

图 5-11　软管式摄像头

③ 可拆卸摄像头。可拆卸摄像头是指可以从底座上拆卸下来的摄像头,如图5-12所示。这种摄像头能被内嵌、扣在底座上,主播可以使用支架或其他工具将其固定在计算机显示器屏顶端或其他位置。

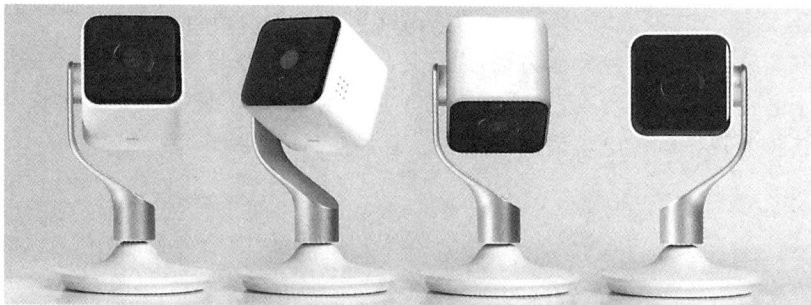

图 5-12　可拆卸摄像头

（4）自拍杆和手持稳定器的选择。为了防止直播时画面抖动，必要时主播可以使用自拍杆。如果预算比较充足，主播可以选择专业的手持稳定器。

① 自拍杆。自拍杆能够有效避免"大头画面"的出现，让直播画面更加完整，更具有空间感。自拍杆的种类有很多，如带蓝牙的自拍杆、能够多角度调节的自拍杆以及带美颜补光灯的自拍杆等，如图 5-13 所示为带蓝牙的自拍杆。

② 手持稳定器。在室外直播时，主播通常需要到处走动，一旦走动，镜头就会出现抖动，这样必定影响用户的观看体验。虽然一些手机具有防抖功能，但是防抖效果有限，这时主播需要配置手持稳定器来保证直播画面的稳定。如图 5-14 所示为手持稳定器。

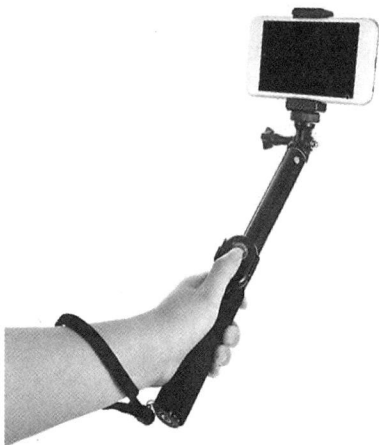

图 5-13　带蓝牙的自拍杆

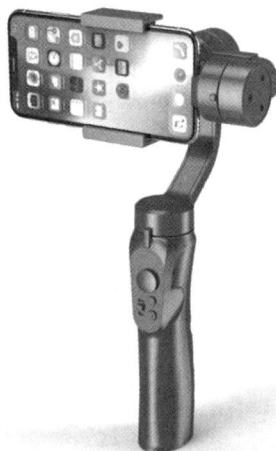

图 5-14　手持稳定器

2. 直播场地的布置

直播场地的布置一般是指直播间的布置，风格定位与用户需求、商品特点高度契合的直播间，更有助于提升用户对主播及直播间的好感度。直播间的布置主要包括直播间的空间布局、直播间的背景装饰和直播间的光线布置三个要素。

（1）直播间的空间布局。直播间的空间布局是直播团队按照直播画面的需要设定的。在空间的布局上，一般可以将直播间分为背景区、主播活动区（包含商品展示区）、硬件摆放区和其他工作人员活动区。其中，硬件摆放区包括提示区、摄像机摆放区和监视器摆放区。背景区和主播活动区域需要出现在直播画面中,而其他工作人员活动区不能出现在直播画面中。

（2）直播间的背景装饰。直播间的背景装饰需要符合直播的主题和主播的人设。在此基础上,直播团队可以使用以下技巧来装饰直播间的背景,如表 5-10 所示。

表 5-10　装饰直播间背景的技巧及要点说明

技　巧	要　点　说　明
背景颜色	如果主播的人设风格是有亲和力的,那么直播团队可以使用暖色风格的背景墙或窗帘。如果主播的人设风格是成熟稳重的,那么直播团队尽量设置纯色的背景墙
装饰点缀	如果直播背景区比较大,为了避免直播间显得空旷,直播团队可以适当添加一些小物品来丰富直播背景区。如果是在节日期间进行直播,直播团队可以适当布置一些与节日气息相关的物品,或者为主播搭配符合节日主题的妆容和服装,以吸引用户的注意力,提升直播间人气
置物架	如果直播背景墙或窗帘样式不能体现直播主题,直播团队可以用置物架来调节

（3）直播间的光线布置。合适的光线能够提升主播的整体形象,起到提升商品展示效果的作用,为直播营销锦上添花。一般情况下,直播间的光线布置有以下四个技巧,如表 5-11 所示。

表 5-11　直播间光线布置的技巧及要点说明

技　巧	要　点　说　明
布光以软光为主	光的性质和形态可分为两类,即硬光和软光。一般情况下,硬光很少用在人像摄影上,多用在需要展现人物强烈情绪的舞台剧中。而软光常给人细腻、柔和的感觉,直播团队在直播的过程中使用软光,有助于打造直播间温暖、明亮、清新的感觉
选择冷光源的 LED 灯为主灯	直播团队最好选择冷光源的 LED 灯作为直播间的主灯,冷光会让主播的皮肤看上去更加白皙、透彻
前置的补光灯和辅灯应选择可调节光源的灯	在直播过程中,主播可以自主调节光源强度,将灯光效果调整到自己最满意的状态
选择合适的布光效果	布光效果分为暖光效果和冷光效果两种。如果直播团队要打造有温馨感觉的直播间,可以使用暖光;如果直播团队需要展示商品的科技感和现代感,可以使用冷光

任务 5.3　直播营销的运营

5.3.1　直播间选品与商品规划

刚刚入局的新手主播在粉丝不多的情况下,盲目选品的结果就是“翻车”。想要打造高关注度、高销量的直播间,就要找到与主播相匹配的商品并进行合理规划。

1. 直播间选品

直播间选品是指商家从供应市场中选择适合目标市场需求的商品，即商家在把握用户需求的同时，从众多供应市场中选出质量、价格和外观最符合目标市场需求的商品。

（1）直播间选品原则。一般来说，选品的基本要求是商品质量好，此外还应当遵循以下原则，如表 5-12 所示。

表 5-12　直播间选品的原则及要点说明

原　则	要　点　说　明
选择高性价比的商品	选择高性价比的商品有助于把粉丝长时间留在直播间，并且有助于避免出现主播信任危机
选择高匹配度的商品	无论是达人主播还是商家主播，都要让商品和主播相匹配。这样一方面主播对商品的熟悉度较高，另一方面商品也符合用户对账号的预期，提高商品的转化率
选择具有独特性的商品	独特性的商品一般是指直播间独家商品或者是某品牌定制的商品，具有唯一性或稀缺性。这种商品可以增加用户的好感度，同时增加粉丝的黏性
选择品质有保障的商品	主播需要对商品进行深入的了解与分析，包括企业的发展历史、商品的特点、用户、竞争对手、行业信息等，只有用户反馈好的商品才能畅销，也才能得到更多用户的青睐
选择应季的商品	根据季节选品是直播带货选品的重要策略，能让产品契合当下季节需求，提升销售

（2）直播间选品的依据。无论是短视频还是直播"带货"，选品都是影响销量的重要因素。商家通常会根据一些标准来选择商品，这就是选品的依据。直播间选品的依据如表 5-13 所示。

表 5-13　直播间选品的依据及要点说明

依　据	要　点　说　明
是否符合市场趋势	选品的第一步是观察市场趋势，市场趋势是对消费者需求变化的验证
是否有卖点和优势	明确的商品卖点和优势可以用作主播的销售语言技巧，促进消费者购买商品
卖点是否便于可视化	由于直播中商品用视频化语言呈现，商品的卖点要便于可视化才能真正吸引消费者

2. 商品规划

直播商品的规划是直播营销的起点，要想提高直播间的订单转化率，主播一定要合理规划商品，并对直播间商品进行精细化管理。

（1）商品的陈列。商品陈列空间是主播推销商品的舞台，只有将展示方式、空间设计和商品相结合，才能实现完美的直播。当用户进入直播间时，第一反应是对产品陈列的视觉反应，产品陈列的效果直接影响留存用户的数量和用户的消费意愿。商品的陈列主要有主题式、品类式和组合式三种类型，如表 5-14 所示。

表 5-14　商品陈列的类型及要点说明

类　　型	要　点　说　明
主题式陈列	主题式陈列的主要特征是统一,即与直播间的主题风格保持一致,主要目的是突出直播间的主题风格
品类式陈列	品类式陈列主要是通过品类的组合,为用户营造琳琅满目、可以尽情选择的购物氛围,从而让用户购买到自己心仪的商品
组合式陈列	组合式陈列主要通过强调商品之间的紧密联系,引导用户将商品组合起来同时下单

（2）商品的精细化管理。在直播过程中,商品方面经常出现的问题是款式不够、利用率不高、单品销量不够等,这是主播没有把商品根据直播需求逻辑进行合理化细分,导致直播数据在混乱的商品配置中不断循环。要想扭转这种局面,主播一定要对直播间里的商品进行精细化管理,如表 5-15 所示。

表 5-15　商品精细化管理及要点说明

管　　理	要　点　说　明
确定直播主题	不同的直播主题要搭配不同特性的商品。只有风格统一、套系整齐,整个直播间的商品调性才会一致
规划商品需求	确定直播主题以后,主播可以通过表格来规划商品需求,从而清楚每一场直播需要配置什么特征的商品
规划商品配置比例	在规划商品配置比例时,主播要记住三大要素,即商品组合、价格区间和库存配置。合理的商品配置可以提高商品的利用程度,最大化消耗商品库存
保持商品更新	为了保证每场直播的新鲜感,维护粉丝的黏性,主播要不断更新直播内容,其中商品更新是非常重要的一部分
把控商品价格与库存	在商品需求、商品数量和更新比例都确定好的前提下,主播要进一步把控另两大要素——价格区间和库存配置
已播商品预留和返场	主播要根据商品配置,在所有直播过的商品中选出至少 10% 的优质商品作为预留和返场商品

5.3.2　直播间的引流推广

直播间的引流重点是分享直播中的动态信息,引导用户进入直播间,获取更多的流量。直播间的引流推广在很大程度上能够解决直播间人气不足或流量降低的问题。

1. 直播间引流的策略

直播过程是直播内容的具体展现,在这个"内容为王"的时代,要有好的内容,粉丝才会留下来。再者要做好直播间的互动,促成在线交易,才能进行二次引流。直播间引流的具体策略如表 5-16 所示。

表 5-16　直播间引流策略及要点说明

策　　略	要　点　说　明
强调送福利	例如,今天进入直播间的粉丝,人人可以领一份福利
引导关注	例如,来我直播间的粉丝们,赶紧先点一下关注,只要关注人数超过 500 人,我们马上送出福利
给出降价优惠	例如,这款羽绒服的官方价格是 999 元,"双十一"折扣价也要 599 元,今天在直播间 399 元直接包邮到家
介绍产品	例如,这款产品的美白效果非常好(主播可以一边演示一边讲解,将产品的亮点讲清楚)
倒数时再补仓	例如,库存只有 50 份了,来准备,3、2、1 上链接,所有拍到商品的粉丝记得私信客服,领取专属福利

2. 直播间的氛围管理

在直播过程中,主播不能自顾自地按照脚本讲解商品,还需根据实际情况引导观众互动,管理直播间的氛围,达到为直播间引流的目的。直播间常用的互动玩法有派发红包、抽奖送福利、与其他主播和艺人合作等。

(1)派发红包。主播在直播间派发红包的主要目的是让观众看到具体的、可见的利益,这是直播间聚集人气、激发观众参与互动、活跃气氛最有效的方式之一。在直播间派发红包,可以分为两步:第一步约定时间,第二步派发红包。

(2)抽奖送福利。送福利也是主播在直播间常用的互动技巧。送福利的首要目标是让用户在直播间停留,活跃直播间的互动氛围,其次是吸引用户关注直播间并产生购买行为。

(3)与其他主播和艺人合作。在直播间,主播与其他主播连麦,可以快速高效地将相应主播的大量粉丝引流到自己的直播间。邀请艺人来直播间通常是有影响力的大主播采用的方式。艺人的到来可以进一步为主播增加粉丝,并且通过艺人、主播的共同宣传快速提升主播的影响力。主播也为艺人代言的商品进行了推广和销售,实现了双赢。

5.3.3　直播语言技巧设计

对主播来说,语言技巧水平的高低会直接影响直播间商品的销售效果。因此在直播营销中,巧妙地设计语言技巧至关重要。

1. 直播营销语言技巧设计原则

主播与用户进行交流与沟通时,语言是主播思维的集中表现,能够体现出主播的个人修养与气质。直播营销语言技巧设计原则如下。

(1)专业性。直播语言技巧的专业性体现在两个方面。①主播对商品的认知程度。主播对商品认知得越全面、越深刻,在进行商品介绍时就越游刃有余,越能彰显自己的专业程度,也就越能让用户产生信任感。②主播语言表达方式的成熟度。同样的一些话,由经验丰富的主播说出来,往往比由新手主播说出来更容易赢得用户的认同和信任,这是因为经验丰富的主播有更成熟的语言表达方式,他们知道如何说才能让自己的语言更具说服力。

(2)趣味性。直播语言技巧的趣味性是指主播要让直播语言具有幽默感,不能让用户觉得直播内容枯燥无味。幽默能够展现主播的开朗、自信与智慧,使用趣味性的语言更容易拉近主播与用户的距离,提升用户的参与感。同时,幽默的语言还是直播间气氛的调节剂,能够营造良好、和谐的氛围,并加速主播与用户建立友好的关系。

(3)真诚性。在设计直播营销语言技巧时,主播要遵循真诚性原则,应从用户的视角设计商品的说明、商品的种类、商家提供的各项服务等,这样才会让用户感到满意。

2. 直播营销语言技巧应用技巧

直播营销语言技巧可以理解为根据用户的期望、需求、动机等,通过分析直播商品所针对的个人或群体的心理特征,运用有效的心理策略组织的高效且富有深度的语言。主播在应用直播营销语言技巧时需要把握好以下要点。

(1)表达口语化,搭配肢体语言。主播进行直播营销时,表达要口语化,同时搭配丰富的肢体语言。这样能使主播的整体表现具有很强的感染力,把用户带入主播所描绘的场景。

(2)灵活运用语言技巧,表达要适当。语言技巧并不是一成不变的,要活学活用,特别是面对用户提出的问题时,要慎重考虑后再回答。

(3)配合情绪表达。主播可以参考语言技巧脚本,配合情绪表达,面部表情要丰富,情感要真诚。

(4)语调富有变化,语速适当。在直播时,主播的语调要抑扬顿挫,富于变化;语速要适当,确保用户听得清讲话内容。主播可以根据直播内容的不同,灵活变化语速。

5.3.4 直播数据监测和优化

直播数据监测和优化可以让商家对直播电商活动过程中出现的问题进行反思,找到短板与不足,积累经验,避免下次开展直播电商活动时犯同样的错误,并进一步放大自己的优势,使直播效果得到大幅度提升。

1. 直播整体数据的监测和优化

直播整体数据包括直播间成交金额、千次观看成交金额、退款金额等。通过分析直播整体数据,商家可以对直播的整体情况形成具体认识,并对这些数据做出有效调整。例如,针对直播间各时间段的流量变化,商家可以分析出推送商品的最佳时间,从而提高产品的曝光量,增加直播转化率。

2. 流量来源数据的监测和优化

利用直播平台或第三方提供的流量监测工具,商家可以掌握直播流量来源数据。以淘宝店铺直播为例,淘宝店铺直播的流量来源主要有六种。

(1)直播推荐:由淘宝直播的直播频道提供的流量。

(2)店铺:由淘宝店铺贡献的流量,如产品详情页、店铺顾客群等。

（3）关注：关注主播的粉丝进入直播间带来的流量。

（4）微淘：进行淘宝店铺直播时，每场直播都会自动同步至微淘动态，一些用户看到该动态后可能进入直播间观看。

（5）分享回流：直播推广人员或用户分享直播间二维码与直播间链接产生的流量。

（6）开播推送：开启直播间粉丝推送功能后，店铺直播开播时，系统会自动向粉丝发送开播提醒，从而吸引一些粉丝前来观看。

掌握直播间流量来源数据后，商家可以对这些流量来源进行针对性营销，最理想的效果是投入资源后各流量来源效果最大化。但在实践过程中往往因为人力、资金等各方面因素无法顾及所有渠道，所以更可行的方案是充分发挥自身的资源优势，做好重点流量来源的运营工作。

3. 粉丝数据的监测和优化

粉丝数据是指观看直播的粉丝的相关数据，具体包括粉丝人均观看时长、观看指数、新增粉丝量等，如表 5-17 所示。

表 5-17　粉丝数据分析的内容及要点说明

内　　容	要　点　说　明
粉丝人均观看时长	该数据能够体现粉丝对主播的忠诚度和直播内容对粉丝的吸引力
观看指数	观看指数通过评估粉丝观看时长来分析直播的影响力。观看指数越高，意味着粉丝的忠诚度越高
新增粉丝量	新增粉丝量体现了主播引导观众关注的能力。在直播过程中，主播要积极引导直播间观众的关注，将平台的公域流量转化为私域流量

4. 商品数据的监测和优化

商品数据包括商品点击数据、商品销量数据等。以商品点击数据为例，商品点击次数越高，说明该商品在直播间内受到的关注度越高，达成更多交易的可能性也越高。部分直播间的商品是为了与主推商品形成对比而设计的，这类商品的点击率低是可以接受的，但如果主推商品的点击率较低，说明主推商品对直播间观众缺乏足够的吸引力。想要解决这一问题，需要商家在产品价格、营销策略包装等方面进行调整。

项 目 考 核

一、填空题

1. 直播营销是指企业或个人以_____为载体进行营销，以实现提升影响力和提高商品销量目的的一种营销活动。

2. 直播预告标题可大致分为内容型、活动型和_____三种类型。

3. 直播间的引流重点是_____,引导用户进入直播间,获取更多的流量。

4. 主题式陈列的主要特征是_____,即与直播间的主题风格保持一致,主要目的是突出直播间的主题风格。

5. _____可以理解为根据用户的期望、需求、动机等,通过分析直播商品所针对的个人或群体的心理特征,运用有效的心理策略组织的高效且富有深度的语言。

二、判断题

1. 直播营销不但可以帮助企业高效获取精准用户,而且可以提高销售效率。(　　)

2. 直播具有即时性的特点,能增强用户对商品的真实感知,提升用户的消费信赖感。
(　　)

3. 电容话筒结构牢固、性能稳定、经久耐用,显著特点是声音清晰,能够将高音真实地还原。(　　)

4. 直播间的背景装饰需要符合直播的主题和主播的人设。(　　)

5. 直播团队在直播的过程中使用软光,有助于打造直播间温暖、明亮、清新的感觉。
(　　)

三、简答题

1. 简述直播营销的特点。

2. 简述打造优质直播预告封面图的原则。

3. 简述直播间选品的原则。

4. 简述直播营销语言技巧设计原则。

5. 简述直播营销语言技巧应用技巧。

项目 6

短视频营销

学习目标

知识目标

（1）了解短视频和短视频营销的含义与特点。

（2）熟悉短视频营销的价值与趋势。

（3）掌握短视频平台的选择方法与技巧。

技能目标

（1）能够组建短视频运营团队。

（2）能够策划短视频的内容。

（3）能够对短视频进行推广。

素养目标

把握时代发展的脉搏，树立理想，坚定信念，培养爱岗敬业的精神。

引导案例

太平鸟女装抖音电商变现

太平鸟女装入驻抖音电商平台时，正式设立专门团队运营抖音小店。针对抖音用户呈现的互动性高、决策快的特点，太平鸟女装以每天长时间直播为切入点，沉淀精准粉丝，配合流量投放，寻找精确目标人群，同时着力提升直播内容质量。

在数据层面，太平鸟女装关注流量、转化、沉淀数据的变化，根据数据表现不断优化直播间策略，最终获得品牌总销售额的快速增长。

在内容产出层面，无论是短视频还是直播，太平鸟女装都始终紧跟用户需求，在抖音内容趋势与品牌调性中寻找结合点，高效产出优质内容，助力品牌准确触达目标人群。

在短视频创意方向上，太平鸟女装将品牌诉求与流行内容相结合，灵活运用穿搭、变装、人像摄影、探店等诸多流行主题拍摄短视频，为账号持续积累粉丝。

案例拆解任务单

实训地点：	教室：	小组成员：

一、任务描述

　　1. 实训任务：案例拆解。

　　2. 实训目的：了解短视频营销相关知识。

　　3. 实训内容：①以小组为单位，分工搜集"太平鸟女装抖音电商变现"的相关信息；②以"太平鸟女装"为基础，分析如何进行营销推广；③完成一份案例分析报告并制作案例分析汇报 PPT。

二、相关资源

　　以"太平鸟女装抖音电商变现"等为关键词，查询与"太平鸟女装"有关的网络资料。

三、任务实施

　　1. 完成分组：4～6 人为一组，选出组长。

　　2. 围绕该案例，在网络上查询与"太平鸟女装抖音电商变现"有关的信息并进行整理和分析，然后提交案例分析报告。

　　3. 小组分工撰写汇报 PPT，完成后选出代表进行汇报。

四、任务执行评价

任务评分标准

序号	考核指标	所占分值	评价要点	得分
1	完成情况	20		
2	内容	60		
3	分析质量	20		
总　　分				

任务 6.1　短视频与短视频营销

　　随着移动互联网的快速发展与普及，短视频营销正成为新的营销模式。新媒体的发展催生了越来越多的内容表现形式，场景化、创意化的短视频以更加逼真的视听效果、更加强烈的视觉冲击给用户带来更真实、更震撼的视听体验。个人和企业也可借助短视频开展运营，以直观的场景化内容运营推广产品或品牌，加深用户对产品或品牌的印象，覆盖更加广泛的用户群体。

6.1.1　短视频的含义与特点

　　随着移动终端的普及和网络的提速，短平快的大流量传播内容逐渐获得各大平台、粉丝和资本的青睐。短视频给予每位运营者非常大的发挥空间。

1. 短视频的含义

短视频是视频短片的简称，是指时间长度一般在 5 分钟以内，几秒到几分钟不等，在各种新媒体平台上播放的，适合在移动状态和短时休闲状态下观看的高频推送的视频内容。由于短视频内容较短，可以单独成片，也可以成为系列栏目。

2. 短视频的特点

短视频是新媒体时代基于互联网诞生的新型媒介形式，这种媒介形式因自身的传播特点符合大众碎片化的使用习惯而爆火，现在已经成为人们生活、娱乐必不可少的一部分。下面从新媒体营销的角度阐述短视频的特点。

（1）内容精练，符合用户消费习惯。短视频的时长一般在 15 秒到 5 分钟，其内容有技能分享、幽默娱乐、时尚潮流、社会热点、街头采访、公益教育、广告创意、商业定制等。新媒体短视频短小精悍、内容丰富、题材多样、灵动有趣、娱乐性强，注重在短时间内抓住用户的注意力，其内容紧凑、节奏快，符合用户碎片化的使用习惯，方便用户直观、便捷地获取信息，节省用户的时间成本。

（2）制作简单，维护成本低。与电视广告、网页广告等传统视频广告高昂的制作和推广费用相比，新媒体短视频在制作、上传、推广等方面具有极强的便利性，且成本较低。

短视频可以免费观看，因而有庞大的用户群体，精良、丰富的视频内容能够提升用户对短视频所宣传的商品的好感度与认知度，从而使商品以较低的成本得到更有效的推广。新媒体短视频的迅速传播并不会耗费太多的成本，只要其内容真正击中用户的痛点和需求点即可。

（3）互动性强，满足用户社交需求。新媒体短视频并非传统视频的微缩版，而是一种信息传递的新方式。用户可以通过短视频 App 拍摄各种内容并将其分享到社交平台，同时参与热门话题的讨论，突破时间、空间、人群等的限制，提高参与感和互动感。短视频这种新型社交方式给用户带来了全新的社交体验。

（4）传播速度快，覆盖范围广。新媒体短视频容易实现裂变式传播与熟人间传播，用户可以在平台上分享自己制作的视频，以及观看、评论、点赞他人的视频。丰富的传播渠道和方式使短视频传播的力度大、范围广。

6.1.2　短视频营销的含义与特点

在长视频时代，要想做视频营销，需要花费很大的人力、物力和财力。随着短视频的兴起和火爆，人们找到了视频营销的切入点，因为门槛低、传播速度快、入手简单、投入少，短视频成了众多商家青睐的营销工具。已经有越来越多的企业使用短视频开展市场营销活动。

1. 短视频营销的含义

短视频营销是内容营销的一种，主要借助短视频，通过选择目标受众人群并向他们传播有价值的内容来吸引用户了解企业产品和服务，最终达成交易。进行短视频营销，最重要的就是找到目标受众人群和创造有价值的内容。

2. 短视频营销的特点

随着 5G 时代的到来,短视频营销已经成为新的赚钱商机,也是具有巨大潜力的营销方式。被寄予厚望的短视频营销成为商家在互联网上新的掘金手段。短视频营销的特点如下。

(1)互动灵活,沟通方便。短视频营销很好地吸取了网络营销的优点——互动性强。

(2)低成本,营销简单。短视频营销和短视频一样,拥有低成本的特点,较之传统广告营销大量人力、物力、精力的投入,短视频营销入驻门槛低,成本也降低了。这也是短视频营销的优势之一。

(3)购物便捷,激发购买欲。短视频营销的效果比较显著,一是因为画面感强,二是因为短视频可与电商、直播等平台相结合,直接盈利。短视频营销的高效性体现在消费者可以一边看短视频一边购买产品,这是传统电视广告所不具备的优势。随着移动互联网的迅速发展,大多数消费者已习惯在网上消费,因此短视频营销在市场中占据了一席之地。

(4)目标精准,营销效果好。与其他营销方式相比,新媒体短视频营销具有指向性优势,因为它可以准确找到目标受众,实现精准营销。

(5)数据清晰,营销效果可衡量。新媒体短视频运营者可以对新媒体短视频的传播和营销效果进行分析和衡量,如分析点赞量、关注量、评论量、分享量等。通过这些数据,运营者可以衡量新媒体短视频的营销效果,然后筛选出可以促进销售的短视频,为营销方案提供正确的指导。

6.1.3　短视频营销的价值与趋势

短视频给品牌广告主带来的营销价值,在一定程度上助推了短视频营销新趋势的到来。

1. 短视频营销的价值

新媒体短视频之所以能够获得“快生长”,主要在于它契合了用户对内容消费的需求,其传播方式极大适应了用户碎片化的生活方式。短视频的四大价值已成为短视频营销新趋势的助推器。

(1)流量价值:扩大品牌覆盖面。对于广大品牌广告主来说,短视频平台最大的营销价值体现在平台庞大的用户量上。

(2)用户价值:提升品牌转化率。在用户质量和短视频呈现形式上,各大短视频平台大幅缩短了品牌到用户的转化路径,提高了品牌营销效率。从购买力和转化率的角度分析,短视频的用户质量也较高。

(3)产品价值:增加品牌互动。短视频能够帮助品牌与用户更好地互动,具有深度沉浸感的竖屏视频模式更易于传递品牌信息。

(4)技术价值:助力品牌精准锁定受众。通过圈层互动形成社交生态向外辐射,吸引更多用户围观、参与,品牌能够实现更大范围的传播,品牌粉丝的客单价也高于非粉丝人群。

2. 短视频营销的趋势

短视频的火热吸引了更多资本流入短视频领域，使短视频拥有广阔的发展前景。短视频营销具有以下六个趋势。

（1）内容优质化。当短视频的流量红利逐渐减少时，原创、优质的内容便成为短视频平台关注的重点。未来的短视频只有制作精良、内容优质，才能吸引更多的用户观看。

（2）内容垂直化趋势凸显。目前占据短视频内容较大份额的是搞笑类、才艺类短视频，这种泛娱乐化的内容往往趋同，热度正在消退，而新内容将不断向垂直化方向发展。美妆、美食、旅游等垂直领域的内容稀缺性正在凸显，部分门槛较高的垂直细分领域的内容更易获得用户的青睐。

（3）个性化推荐。随着短视频数量的增加，短视频平台将面对更加细分的用户群体，而精准的个性化推荐将起到重要作用。个性化主要分为兴趣个性化和地域个性化。前者利用大数据和机器学习，精准捕捉用户兴趣并进行短视频内容推送；后者凭借地缘特点打动受众。在个性化时代，垂直内容能够被精准地推荐给潜在用户。

（4）转换模式。目前短视频的商业化探索仍集中于广告植入、电商流量方面，有一定的局限性。未来短视频平台过度依赖广告的局面将发生改变。对于一些经济附加值高的短视频内容，短视频平台可以采取内容付费的模式，并结合智能移动终端的定位系统和场景识别功能进行端口接入。

（5）人工智能与用户的情景互动。随着人工智能的发展，目前已经出现虚拟主播。未来短视频或许也可以引入虚拟主播，基于人工智能与大量用户互动并进行大数据分析，实现人工智能与用户的情景互动。

（6）融合发展。现在各大互联网平台都在打造自己的生态系统，直播、电商、社交、资讯等领域纷纷将短视频作为内容的展现方式。"短视频＋直播""短视频＋电商""短视频＋社交""短视频＋资讯"等创新移动 App 不断涌现，"短视频＋"模式加速渗透、全面铺开。

任务6.2　短视频营销的创作

新媒体短视频符合移动互联网时代用户的消费需求，且受众以年轻人居多，具有巨大的消费潜力，这不仅吸引了很多自媒体人创作、运营短视频，也让很多企业或机构争相采用短视频营销方式。做好短视频营销，企业能够搭建起品牌私域流量池，扩大品牌传播范围，获得更多曝光，提高品牌的辨识度。

6.2.1　短视频平台的选择

短视频平台主要有抖音、快手、微信视频号、小红书、美拍和秒拍。

1. 抖音

抖音是由字节跳动孵化的一款音乐创意短视频社交软件。该软件于2016年9月20日上线，是一个面向全年龄段的短视频社区平台。用户可以通过这款软件选择歌曲，生成自己的作品。抖音首页如图6-1所示。

2. 快手

快手的产品定位更为普惠化，鼓励每一个用户都用快手记录和展示自己的生活。快手去中心化的分发逻辑使每个用户都有平等的曝光机会，因此快手在早期迅速获得了四五线城市和农村用户的青睐。快手首页如图6-2所示。

图6-1 抖音首页　　　　　图6-2 快手首页

3. 微信视频号

微信视频号依靠微信强大的用户流量，已经逐渐发展成一个依托于微信社交生态的全新短视频平台。其具有私域流量优势明显、用户定位精准、转化率高等特点。

进入微信视频号主界面，视频会自动循环播放，用户双击即可点赞。用户可以对自己感兴趣的短视频进行"发送给朋友""分享到朋友圈""收藏"等操作。视频号首页包括"关注""朋友""推荐"三个板块，如图6-3所示。

4. 小红书

小红书是一个生活方式平台和消费决策入口，创始人为毛文超和瞿芳。小红书是以社区形式起家的电商平台，用户可以分享自己的消费体验，引发社区互动，从而带动消费。小红书里的"笔记"是其核心竞争力。初期，用户通过图文编辑、笔记贴纸、笔记话题标签等方式分享心得。后来，小红书紧跟短视频潮流趋势，增加了视频分享功能，并添加了个性化设计功能，如在视频上添加贴纸和文字等，小红书首页如图 6-4 所示。

图 6-3　微信视频号首页

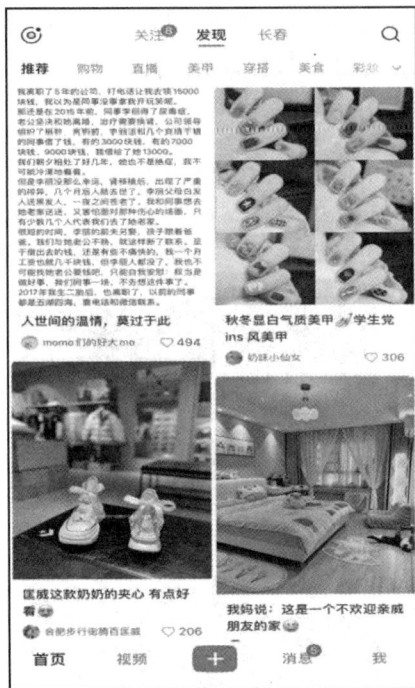

图 6-4　小红书首页

5. 美拍

美拍于 2014 年 5 月 8 日上线，是厦门美图网科技有限公司旗下的一款可以直播、制作视频的备受年轻人喜爱的应用软件，图 6-5 所示为美拍首页图。

除此之外，美拍还致力于打造专业化的兴趣社区，除了可以像抖音那样不断下拉刷新视频让用户观看，还设有"美妆""穿搭""美食""舞蹈""宝妈"等多个垂直频道，用户可以自主选择自己喜欢的垂直类内容，这样就可以让各个领域具有相同喜好的用户相互交流和互动，由此形成兴趣社区。

6. 秒拍

秒拍是由炫一下（北京）科技有限公司开发和发布的集观看、拍摄、剪辑、分享于一体的短视频聚合平台和高质量短视频社区。秒拍在 2014 年全新上线后，就获得了"文艺摄影师"的称号，风格偏向于文化与潮流。图 6-6 所示为秒拍首页图。

秒拍发展初期，在各大短视频平台中视频时长最短，其核心功能定位为简单易用的短视频拍摄编辑工具。不过产品开发至今，秒拍已从基本的工具属性延伸出更多的社交属性和媒体属性，成为一个专注媒体类短视频的平台。与微博合作后，秒拍视频可以直接在微博上播放，这在很大程度上提高了秒拍的竞争力。秒拍与微博已经构建一个"媒体＋社交"的生态圈。

图 6-5 美拍首页

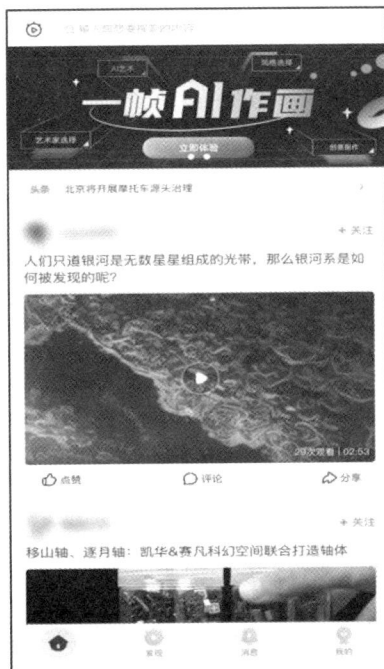

图 6-6 秒拍首页

6.2.2 短视频运营团队的组建

现在短视频制作已经由个人制作转为团队制作,因为这样制作出来的短视频更具专业性。相对于长视频的创作,短视频的时长要短,内容更加丰富。要想拍摄出优秀的短视频作品,制作团队的组建十分重要。完成一个专业水平的短视频作品需要分工不同的团队成员,并且要优化团队。短视频制作团队的人员构成如表 6-1 所示。

表 6-1 短视频制作团队的人员构成

角　色	职　　责
导演	导演是统领全局的职能角色,主要对短视频的风格、内容方向,以及内容策划和脚本进行把关,并参与拍摄和剪辑环节的工作
摄像师	摄像师通过镜头完成导演规划的拍摄任务,并给剪辑留下好的原始素材,节约大量的制作成本,更好地达到拍摄目的
剪辑师	剪辑师需要对拍摄的素材进行选择与组合,舍弃一些不必要的素材,保留精华部分,还需要利用视频剪辑软件为短视频添加配乐、配音及特效。后期制作是将杂乱无章的片段进行有机组合,形成一个完整的作品
运营人员	获得最多的内容和栏目曝光、选择平台渠道、管理用户等都是运营人员要负责的工作
演员	演员需要表现出人物特点。很多时候,团队成员也可以充当演员的角色
其他人员	灯光师、录音师等,需要根据团队情况来具体分配职责

6.2.3 短视频的内容策划

只有做好内容策划，并定位清晰、准确，才能在制作短视频时做到有的放矢，从而对后续的短视频推广起到事半功倍的作用。

1. 优质内容的特质

什么样的短视频才算优质呢？内容上具备以下六个特质的短视频，就可以说是优质短视频，如表 6-2 所示。

表 6-2　优质短视频的特质及要点说明

特　　质	要　点　说　明
人设鲜明	鲜明的人设是短视频给用户留下深刻印象的关键因素，它能使用户在看到该账号的短视频时，就知道该账号分享的是什么类型的内容。有鲜明的人设，是账号吸引精准用户并留住用户的关键
创意独特	创意性是短视频吸引用户观看的关键因素。创意性因素占比较高的通常为生活小技巧、文化艺术等类型的短视频
有知识性	用户对知识性内容的需求度较高，无论是传授科普类知识还是专业类知识，短视频创作者只要能让用户通过短视频内容有收获，就会吸引用户关注
有娱乐性	娱乐性已经成为现代传媒的本质属性之一。很多短视频都以娱乐的形式展现，以求带给人们趣味的、放松的、愉悦的感官享受。数据显示，观看短视频的用户中有 85% 倾向于观看有趣的内容。那些能吸引用户的短视频都有一个重要的特质，就是具有娱乐性
有情感性	情感性的短视频能引发用户的情感共鸣，折射出社会现象，其内容由浅入深、由小及大、层层递进，能抓住用户的痛点，赢得用户的青睐
时间短	短视频的时长一般控制在 5 分钟以内。在这个大前提下，我们需要做的就是让视频尽量简短，避免过于冗长而让用户心生反感，甚至直接取消观看

2. 内容的垂直细分

调查报告显示，深度垂直正成为短视频内容生产的趋势，用户也更愿意为专业化、垂直化的内容买单。优质的垂直领域的短视频创作者能够专心做好内容，借助现成的平台发展获得商业利益。一些垂直领域的短视频创作者虽然没有强大的粉丝基础，但他们可以结合社群进行变现，也能取得惊人的业绩。做垂直领域短视频有以下三种方法，如表 6-3 所示。

表 6-3　做垂直领域短视频的方法及要点说明

方　　法	要　点　说　明
聚焦某类用户群	利用直击该类用户群痛点的内容吸引他们，再通过符合其特质的内容和调性增强其黏性
聚焦某类主题场景	根据短视频用户的主题场景进行纵深挖掘，在内容表达上突出场景化，与相应的用户进行深度对话
聚焦某类生活方式	短视频除了要塑造品牌形象，还要打造一种让用户愿意践行的生活方式

3. 内容的分类标签

标签代表了内容的定位,是凸显自己的短视频与其他短视频与众不同的东西。标签是短视频平台给每个视频、每个账号和每个注册用户打上的标记,目的是方便短视频平台进行算法的精准推荐。

在策划短视频内容时,短视频创作者要想方设法给自己制作的短视频选择一个标签,并一直保持下去,让用户谈论起这个领域的话题时,就会想到自己的短视频,直达粉丝用户群体。

4. 内容的稳定持续输出

所谓内容的稳定性,就是在所选择的领域稳定持续地输出短视频内容。没有持续的创新能力,短视频就会失去生命力,用户的期待程度也会大幅度降低。每天能源源不断地、稳定地生产并输出内容是短视频运营的核心。保持持续稳定输出数量和频率的原因如表 6-4 所示。

表 6-4 保持持续稳定输出数量和频率的原因及要点说明

原　　因	要点说明
培养用户习惯	持续、规律地输出内容,可以培养用户的观看习惯,增强用户黏性。当黏性足够强时,用户就慢慢具备了粉丝属性。如果短视频创作者不能持续输出内容,就容易被用户忘记
获得用户认可	互联网时代的竞争就是看谁能获得用户认可。短视频也一样,每个短视频创作者都在调整自己发布的视频数量和频率,尽力获得用户认可

任务 6.3 短视频的推广

随着短视频发展势头日渐迅猛,越来越多的企业和商家进入短视频这个风口,如果没有流量、不懂推广,就只能眼看着别人获得收益而束手无策。所以,只有做好短视频的推广才能增加短视频的曝光度。

6.3.1 短视频矩阵的打造

矩阵就是一个品牌同时创建并运营多个短视频账号的形式。每个账号的运营侧重点有所不同,这些账号之间互相引流、互相推动,形成一个流量循环的品牌宣传链。短视频账号矩阵包括单平台账号矩阵和多平台账号矩阵。

1. 单平台账号矩阵

单平台账号矩阵是指短视频创作者在同一个短视频平台上创建多个不同的、存在某种关联的短视频账号的形式。大型企业的业务基本上是面向全国的,如果只有一个官方账号，是没办法在短期内做到具备强大的传播力和影响力的。如果利用企业在各地的分公司来创建子账号，进行分地域覆盖，就可以把宣传的绩效考核逐级下发到各个子公司，提高工作效率。

短视频创作者构建单平台账号矩阵后，可以尝试采取以下四种方法使不同账号之间实现互相引流，如表 6-5 所示。

表 6-5　不同账号之间互相引流的方法及要点说明

方　　法	要　点　说　明
在账号简介中展示其他账号	在短视频账号主页中的"简介"模块，短视频创作者除了可以介绍本账号，还可以写上矩阵中其他账号的名字，从而为其他账号引流
在短视频内容简介中@其他账号	短视频创作者可以在某个短视频内容简介中@其他账号，从而让账号之间实现引流
在评论区进行互动	短视频创作者可以将评论区当成一个免费的广告位，运用不同的账号在其他账号的评论区进行评论互动，从而实现账号之间的引流
在"关注"中关注矩阵中的账号	短视频创作者在账号"关注"中关注矩阵中的账号，可以实现互相引流

2. 多平台账号矩阵

多平台账号矩阵是指短视频创作者在多个短视频平台上创建短视频账号，并在多个平台同步发布短视频的形式。由于每个平台的粉丝群体都不一样，多平台账号矩阵可以吸引不同层次的人群。而且多个账号运营风险会降低，如果一个账号限流，还有其他平台的账号可以运营。多平台账号矩阵运营技巧主要体现在以下三个方面，如表 6-6 所示。

表 6-6　多平台账号矩阵运营技巧及要点说明

技　　巧	要　点　说　明
寻找适配平台	选择适配平台时，短视频创作者需注意，选择的平台一是必须具有一定的用户规模，用户数量足够多，引流的效果才会好；二是引流平台与原平台之间不能存在竞争关系，有竞争关系的平台间会有很多潜在的竞争行为，如果将原平台的竞争对手作为引流平台，可能产生反作用
引导流量交流	平台之间的联系还可以促进短视频创作者与粉丝之间形成互动，从而调动平台用户的好奇心。例如，在视频中留下悬念，在评论区设置问题，引导其他平台的用户到该短视频平台上关注账号，寻找答案，这样也可以实现流量转化
账号矩阵遵循原则	① 各个账号的目的要相同，如都是推广企业品牌或者商品； ② 各个账号的内容可以分属不同的子领域； ③ 各个账号定位明确，不能发生冲突，更不能成为竞争对手

6.3.2　短视频粉丝运营

短视频运营者要想让自己的作品成为"爆款"，除了打造优质内容，还要懂得利用各种方式为短视频"吸粉"。短视频运营者要做好粉丝运营，这样才能获得众多粉丝的关注和支持,让创作的短视频被更多人看到,使短视频账号被广泛关注和传播。

1. 保持稳定的更新频率

短视频运营者要想收获忠实粉丝,首先要培养用户良好的观看习惯,这要求短视频运营者保持稳定且有规律的更新频率。

(1)保持每日更新。如今是信息爆炸的时代,各种碎片化信息层出不穷,如果短视频运营者很长时间不更新作品,短视频账号就很容易被用户遗忘。因此,短视频运营者要尽量每日更新短视频,以保证短视频账号的持续活跃,从而持续获得用户关注。

(2)固定更新时间。每日更新短视频,而且在固定的时间更新,就会给用户一定的暗示,用户每天会准时上线观看短视频。久而久之,用户就会形成定时观看的习惯,甚至产生催促短视频运营者更新作品的心理。用户可能在评论区留言:"怎么还没有更新?""什么时候更新啊,不是说好的每日一更吗?"这表明短视频运营者创作的短视频对用户具有很强的吸引力,用户很期待看到新的短视频。如果短视频运营者在此基础上继续保持稳定的更新频率,就能强化用户的观看习惯。

2. 引导粉丝点赞和评论

为了增强粉丝黏性,短视频运营者要主动引导粉丝进行互动,可以从以下四个方面引导粉丝点赞和评论,如表 6-7 所示。

表 6-7　引导粉丝点赞和评论的方法及要点说明

方　法	要　点　说　明
情绪驱动	短视频运营者若希望粉丝参与互动,就要增强短视频内容的情绪渲染力。容易产生情绪互动的因素有敬畏、同情、愉悦、悲伤、愤怒等。例如,短视频的内容是幽默搞笑的,就会让人开怀大笑,激发粉丝转发和评论
"请教"粉丝	有时候,短视频中的主人公可以在视频中针对视频内容直接"请教"粉丝,这是直接的互动方式。主人公在向粉丝"请教"问题时要谦虚、真诚,让粉丝在一瞬间产生成就感,从而提高粉丝点赞、评论的积极性和主动性
结尾"相邀"	很多短视频运营者会在短视频的结尾处加一句"关注我吧,会有惊喜"。有的短视频运营者还会在短视频结尾播出节目预告,或者留下悬念。例如,一些悬疑推理类的短视频通常会在结尾处让粉丝对剧情内容进行推理,并表示答案会在下一期短视频中公布。这类结尾会使粉丝产生强烈的好奇心,纷纷在评论区参与互动,对剧情进行分析和探讨
利益引导	短视频运营者要想吸引粉丝积极参与评论互动,还可以利用一些利益来实现。既可以是物质利益,如优惠券、折扣券、体验券、小礼品等,也可以是精神利益,如电子书、软件、教程等。需要注意的是,不同的平台对利益引导的包容程度不同,短视频运营者要遵守平台规则,在实际操作的过程中进行分析和总结,不断积累经验

3. 积极回复粉丝评论

短视频运营者要与粉丝做好互动,尽可能在第一时间回复粉丝的评论。这种勤互动、多交流的方式会带给粉丝亲近感,让粉丝感受到短视频运营者对他们的重视。当然,并非所有评论都是必须回复的,如广告信息,评论者往往只是无目的性地在所有平台与账号下面进行宣传,对作品的传播没有积极意义,短视频运营者无须回复。而对于一些希望通过共同话题参与讨论,共同探讨作品,或者真心求教问题的评论,短视频运营者应及时回复。短视频运营者还可以将高质量的评论置顶,以引导粉丝产生更大范围的互动。

6.3.3　短视频数据运营

短视频运营者要想做好短视频运营,必须懂得运用数据发现问题,然后寻找解决问题的方法,从而调整并优化短视频运营策略,让短视频运营更加科学、高效。

1. 搜集短视频数据的渠道

搜集足够多的有效数据是开展数据分析的基础,短视频运营者可以通过以下两个渠道搜集短视频的运营数据,如表 6-8 所示。

表 6-8　搜集短视频数据的渠道及要点说明

渠　　道	要　点　说　明
账号后台	短视频账号后台有各个短视频的数据统计,包括点赞量、评论量、转发量等,短视频运营者可以通过这些数据了解自己账号中各个短视频的运营情况
第三方数据分析工具	在市场上有很多专门为用户提供短视频数据分析的第三方数据分析工具,如新榜、飞瓜数据、卡思数据、蝉妈妈等,它们为短视频运营者提供各类短视频"达人榜"、短视频播放排行榜、热门素材、"爆款"商品等数据,短视频运营者可以利用这些工具搜集自己需要的数据

2. 常用的短视频数据分析指标

短视频运营者开展数据分析之前,需要对短视频数据分析指标有所了解,这样才有利于获得科学、有效的数据分析结果。短视频数据分析指标分为固有数据指标、基础数据指标和关联数据指标三大类,如表 6-9 所示。

表 6-9　短视频数据分析指标的类型及要点说明

类　　型	要　点　说　明
固有数据指标	固有数据指标是指短视频时长、短视频发布时间、短视频发布渠道等与短视频发布相关的数据指标
基础数据指标	基础数据指标主要是指播放量、点赞量、评论量、转发量和收藏量等与短视频播放效果相关的数据指标
关联数据指标	关联数据是指由两个基础数据相互作用而产生的数据。关联数据指标包括完播率、点赞率、评论率、转发率、收藏率五个比率性指标

3. 短视频数据分析维度

短视频运营者可以从以下两个维度进行数据分析。

(1) 同 IP 下的短视频分析。同 IP 下的短视频分析是指短视频运营者对相同账号下的短视频进行分析,包括单视频分析、横向对比分析和纵向对比分析三种方式,如表 6-10 所示。

表 6-10　同 IP 下短视频分析的方式及要点说明

方　式	要 点 说 明
单视频分析	单视频分析是指短视频运营者对自己账号中某条短视频的相关数据进行分析,从而发现其是否存在问题,并寻找相关原因
横向对比分析	横向对比分析是指短视频运营者将自己发布在不同平台上短视频的数据进行整合、统计,分析这些短视频在不同平台上的运营情况
纵向对比分析	纵向对比分析是指短视频运营者将自己账号中的短视频按照选题或拍摄风格的不同划分为不同的类型,然后分析各种选题、各种拍摄风格的短视频的相关数据,根据数据分析结果优化短视频的选题、拍摄方法等

（2）竞品分析。竞品分析是指短视频运营者对竞争对手的短视频进行分析,了解竞争对手的短视频在哪些方面具有优势,自己的短视频存在哪些不足,从而不断优化自己的短视频内容。短视频运营者可以按照以下三个步骤进行竞品分析,如表 6-11 所示。

表 6-11　竞品分析的步骤及要点说明

步　骤	要 点 说 明
确定竞品	短视频运营者可以选择不同类别的竞品,并对其进行长期跟踪和分析,以此来研究竞品的发展动向和自身潜在的危机,不断提高自己账号及短视频的水平
收集竞品资料	短视频运营者在收集竞品资料时,要秉持客观、准确的原则,可以借助第三方数据分析工具收集竞品资料
竞品分析	短视频运营者在分析竞品时,需要重点关注竞品的账号定位、目标用户群体特征、短视频内容定位、短视频数据表现、账号盈利模式等信息

4. 常用的短视频数据分析方法

短视频运营中常用的数据分析方法是对比分析法和特殊事件分析法。

（1）对比分析法。对比分析法又称比较分析法,是指将两个或两个以上的数据进行对比,并分析数据之间的差异,从而揭示其背后隐藏的规律。对比分析法包括同比（一般情况下是指今年第 N 月与去年第 N 月之比）分析、环比（指报告期水平与其前一期水平之比）分析和定基比（指报告期水平与某一固定时期水平之比）分析。

通过对比分析,短视频运营者可以找出短视频账号的异常数据。异常数据并非指表现差的数据,而是指偏离平均数值较大的数据。例如,某短视频运营者每条短视频的点赞量一般在 1 万～5 万次,但某天他发布的一条短视频的点赞量超过了 10 万次,与之前相比偏差较大,这就属于异常数据。此时,短视频运营者需要对此数据进行仔细分析,寻找造成这种现象的原因,分析是因为短视频的主题与当前热点相契合,还是因为运营者为短视频投放了付费推广,使其获得了更多的曝光机会,收获了更多的流量。

（2）特殊事件分析法。特殊事件是指短视频平台规则发生变化,或者短视频运营者变更发布短视频的时间、变更短视频发布的平台等,这些事件容易导致异常数据的出现。短视频运营者在记录短视频的日常数据时,也要记录这些特殊事件,以便在短视频运营数据出现异常时,能够找到这些特殊事件与数据变化之间的关系。

项 目 考 核

一、填空题

1. 短视频营销是内容营销的一种，主要借助短视频，通过选择目标受众人群并向他们传播有价值的内容来吸引用户了解企业产品和服务，最终_____。

2. 随着短视频数量的增加，短视频平台将面对更加细分的用户群体，而精准的_____将起到重要作用。

3. 短视频账号矩阵包括单平台账号矩阵和_____。

4. 短视频运营者要尽量每日更新短视频，以保证短视频账号的_____，从而持续获得用户关注。

5. 关联数据指标包括完播率、点赞率、评论率、_____、收藏率五个比率性指标。

二、判断题

1. 快手最初是一款处理图片和视频的工具，后来转型为一个短视频社区。　　　（　　）

2. 秒拍于 2014 年 5 月 8 日上线，是厦门美图网科技有限公司旗下的一款可以直播、制作视频的备受年轻人喜爱的应用软件。　　　（　　）

3. 单平台账号矩阵是指短视频创作者在同一个短视频平台上创建多个不同的、存在某种关联的短视频账号的形式。　　　（　　）

4. 纵向对比分析是指短视频运营者将自己发布在不同平台上短视频的数据进行整合、统计，分析这些短视频在不同平台上的运营情况。　　　（　　）

5. 对比分析法又称比较分析法，是指将两个或两个以上的数据进行对比，并分析数据之间的差异，从而揭示其背后隐藏的规律。　　　（　　）

三、简答题

1. 简述短视频的特点。

2. 简述短视频营销的特点。

3. 简述短视频内容保持持续稳定输出数量和频率的原因。

4. 简述引导粉丝点赞和评论的方法。

5. 简述短视频数据分析指标的类型。

项目 **7**

微博营销

学习目标

知识目标

（1）了解微博的用户与需求。

（2）熟悉微博营销定义与价值。

（3）掌握微博营销的优势与分类。

（4）掌握微博营销内容的运营技巧。

技能目标

（1）能够对微博的内容进行创作。

（2）能够对微博营销的活动进行策划与推广。

素养目标

培养学生发现、思考和解决问题的能力。

引导案例

美妆的微博营销

某美妆博主,粉丝众多,作为 KOL,其影响力、带货转化力不断增强。该美妆博主能够收获 500 多万名粉丝的喜欢,绝不只是因为赶上了新媒体发展这班快车。对内容的布局、粉丝的运营以及品牌建设的规划,都是该美妆博主成功的原因所在。该美妆博主对内容的创作执着而细腻。美妆博主并非国内第一个在网上教人化妆的 KOL,但她是第一个坚持输出原创并手把手教"小白"化妆的 KOL。例如,她的"基础化妆教程"系列直到现在还在更新。该美妆博主认为内容的价值体现在持续的影响力和生命力上,而不是体现在表达形式上。因此,在内容上,该美妆博主有自己一直坚持的原则。例如,她会抵制无价值的美妆内容,坚持"干货"的输出,让粉丝树立正确的"剁手观"。例如,在创作上,她始终坚持每周更新六次的节奏,能在做热门内容的同时,沉下心做系列化、篇目式的内容。

在前期的发展中,美妆博主基本上是"单打独斗",力量单薄。不过早在 2015 年 1 月,该美妆博主就开始了团队化运作。因为有了团队,队员之间的分工更加明确,时间利用率也提高了,这为保证内容的创新和团队的可持续发展奠定了基础。除此之外,该美妆博主在短视频上的布局也让她成功走在了别人前面。商业变现直接关系到一个内容团队的生死存亡,对该美妆博主团队来说也不例外。目前该美妆博主团队的内容变现渠道主要是广告,服务的广告主包括宝洁、雅诗兰黛、欧莱雅、香奈儿等诸多品牌。在谈到服务广告主有没有什么独特经验的时候,该美妆博主表示,推广的目的就是让用户了解产品的特色和卖点,她会运用"种草"、测评、视频、直播等丰富的形式,满足用户对内容的需求和增强用户黏性。该美妆博主团队在服务广告主的同时也尽可能服务每一位关注她的用户,寻找两者间的平衡点,让广告主的产品被更多用户知道并且喜欢,这是他们做商业推广的初衷。

案例拆解任务单

实训地点:	教室:	小组成员:

一、任务描述

　　1. 实训任务:案例拆解。

　　2. 实训目的:了解微博营销相关知识。

　　3. 实训内容:①以小组为单位,分工搜集"美妆"的相关信息;②以"美妆"为基础,分析如何进行商业变现;③完成一份案例分析报告并制作案例分析汇报PPT。

二、相关资源

　　以"美妆"等为关键词,查询与"美妆"有关的网络资料。

三、任务实施

　　1. 完成分组:4～6人为一组,选出组长。

　　2. 围绕该案例,在网络上查询与"美妆"有关的信息并进行整理和分析,然后提交案例分析报告。

　　3. 小组分工撰写汇报PPT,完成后选出代表进行汇报。

四、任务执行评价

任务评分标准

序号	考核指标	所占分值	评价要点	得分
1	完成情况	20		
2	内容	60		
3	分析质量	20		
总　分				

任务7.1　微博营销认知

　　在移动互联网高速发展的时代,越来越多的手机用户喜欢在空余时间玩微博。例如,在微博上晒几张照片或者刷一下屏,浏览一下最新的社会热点。微博悄然间成了用户传播信息和获取信息的新渠道。而对新媒体营销者来说,用户也就意味着市场,因此,新媒体营销者在微博平台上开展营销活动的意义不言而喻。

7.1.1 微博的用户与需求

1. 微博的用户

与别的流量平台相比,微博用户偏年轻化,以 23～30 岁的用户为主,其次是 18～22 岁的用户。微博的用户群体十分广泛,包括知名艺人、企业高管、"网红"和普通大众等。在微博的"95 后"用户中,大专及本科以上学历用户占大多数。

2. 微博的用户需求

微博用户在泛娱乐领域的活跃度很高,主要活跃在电视剧、综艺、明星、时尚、美妆、萌宠等领域,主要有以下四方面用户需求。

(1) 公共信息获取。微博的信息传播有自己的特点,如时效性、丰富性等。微博常常会比其他渠道更快地提供突发事件的信息,来自事件当事人或现场的第一手资料可以无中介地直接送达微博用户。

(2) 自我记录与表达。自我记录与表达也表现为个体的形象塑造。微博可用于记录生活点滴、心情、感悟,为人们的形象塑造提供了不同的手段,更有利于展示个人生活的多姿多彩。

(3) 社会关系与社会资本。"围观"名人,与名人近距离对话,成为很多用户留在微博的理由,同时也是很多人扩展社会关系的一种方式。此外,人们通过名人这一话题,可以和其他粉丝建立更为多样的互动,粉丝之间的社会关系也得以加强。

(4) 信息与知识的积累、归档。对于部分用户来说,微博是他们积累信息与知识的平台。他们分享、收藏的很多信息,日积月累,可以形成重要的知识库或资料库。

7.1.2 微博营销定义与价值

微博营销是指通过微博平台为商家、个人等创造价值而执行的一种营销方式,也指商家或个人通过微博平台发现并满足用户的各类需求的商业行为方式。微博营销以微博作为营销平台,每一位听众(粉丝)都是潜在的营销对象,企业利用更新自己的微型博客向网友传播企业信息、产品信息,树立良好的企业形象和产品形象。每天更新内容就可以跟大家交流互动,或者发布人们感兴趣的话题,以达到营销的目的,这就是微博营销。

对于企业和个人来说,微博营销的价值包括以下五个方面。

(1) 品牌推广。微博营销可以快速聚合用户关注度,提升品牌知名度;与用户产生情感共鸣,提升品牌好感度;扩大品牌传播范围,宣传新产品和服务。

(2) 用户维护。微博营销通过内容、活动触达用户的同时,还可以一对一进行用户维护,提高用户的满意度。

(3) 市场调查。微博用户数量巨大,且每个用户都有自己的兴趣领域标签,方便运营者进行低成本、高效率的市场调查。

(4) 危机公关。在微博平台上,涉及知名企业的产品质量、信用问题等会迅速登上热搜。在微博上进行快速有效的危机公关，不仅能将危机带来的危害降到最低，甚至能将危机转化为重塑企业形象的一次机遇。

（5）闭环电商。企业通过微博营销获取一定数量的粉丝后，可以在微博平台上发布产品推文，植入产品的购买链接，在粉丝购买后实现商业变现。

7.1.3　微博营销的分类与优势

1. 微博营销的分类

根据不同的主体，微博营销可以划分为以下三种类型。

（1）个人微博营销。个人微博营销是指个人做好自己微博营销的方法和经验技巧。很多个人的微博营销是由个人本身的知名度来得到别人的关注和了解的。明星、成功商人或者是社会中比较成功的人士，他们运用微博往往是通过这样一个媒介来让自己的粉丝进一步了解自己和喜欢自己，微博在他们手中多是抒发感情，功利性并不明显，他们的宣传工作一般由粉丝跟踪转发来达到营销效果。

（2）企业微博营销。企业微博营销是指企业做好企业微博营销的方法和经验技巧。企业一般是以盈利为目的的，他们运用微博往往是想通过微博来增加自己的知名度，最后将自己的产品卖出去。企业微博营销往往要难上许多，因为知名度有限，短短的微博不能让消费者直观地理解商品，而且微博更新速度快、信息量大，企业微博营销时应当建立自己固定的消费群体，与粉丝多交流、多互动，多做企业宣传工作。

（3）行业资讯微博营销。以发布行业资讯为主要内容的微博，往往可以吸引众多用户关注，类似于通过电子邮件订阅的电子刊物或者 RSS（简易信息聚合）订阅等，微博成为营销的载体，订阅用户数量决定了行业资讯微博的网络营销价值。因此，运营行业资讯微博与运营一个行业资讯网站在很多方面是类似的，需要在内容策划及传播方面下很大功夫。

2. 微博营销的优势

企业开展微博营销活动有巨大的优势，发布一条微博的成本几乎是零，却可以快速地将企业及产品相关信息传达给消费者。同时，企业还可通过微博直接与粉丝及潜在用户进行互动，从而拉近与用户的距离。概括起来，企业开展微博营销的优势有以下四点。

（1）形式多样化。企业进行微博营销的形式多种多样，主要表现在微博发布的内容和发布形式两个方面。

从内容上看，企业可以将微博作为对外宣传的窗口，发布与企业有关的新闻活动、新品上市、促销活动等消息。

从形式上看，微博营销的活动形式非常多，除了今日话题、互动问答、投票抽奖，还可借助微博平台的广告中心开通微博粉丝通、微任务、搜索推广等广告服务进行广告推广。

（2）信息传播快。近年来很多网络热门事件都是最先通过微博发布的。用户只要能够上网和拥有计算机或智能终端设备，即可随时随地将信息发布出去。

（3）覆盖群体广。新浪微博的注册用户非常多，覆盖了不同职业、不同地区、不同阶层、不同民族,其中不仅有超聚人气的社会名人,还有报道新闻的大众媒体及发布公告的政府机构。当然,新浪微博的用户还是以个人用户居多,因而企业通过微博发布的消息覆盖范围更广。

（4）宣传成本低。同传统的报纸、广播、电视等媒体广告相比,企业通过微博开展营销活动而支出的费用要低很多。发布一条普通微博的成本几乎为零,即便是借助"微博大V"或者粉丝通推广,其费用与电视广告费用相比也低得多。

任务 7.2　微博营销的内容运营

微博内容运营是指运营人员利用微博,采用文字、图片、视频等形式将信息友好地呈现在用户面前,激发用户参与、分享、传播的完整过程。微博内容运营是新媒体运营的重要组成部分,能吸引用户注意,提升企业产品或品牌的影响力。

7.2.1　微博内容的创作

微博内容的发布形式多样,如微博短文、微博头条文章,以及视频、直播等,下面就从微博的发布形式出发介绍微博内容的创作。

1. 微博短文

微博短文可以直接通过微博首页文字输入框发布,不需要刻意排版。微博短文的内容一般比较随意,不要求特定的内容与格式,可以是百字以内的随笔感悟,也可以是上千字的整理归纳等。很多人以为微博短文只能发布 140 字,实际上,用户也可以发布超过140 字的微博短文,但是超过 140 字的部分会被折叠起来,点击"展开全文"才能全部显示。

（1）纯文字的微博短文。对于纯文字的微博短文来说,有价值的、发人深省的、容易让人产生认同感的、有趣的、有名的、有创意的、真实的内容更容易受用户的欢迎,从而能够获得较多评论和转发。微博短文的篇幅有限,要想吸引用户的注意力,就要从用户的爱好和需求出发,在文字上多下功夫。一般来说,发布纯文字的微博短文可以结合故事、上新预告、寻求共鸣、话题讨论、购物分享、第三方反馈等进行展现。图 7-1 所示是纯文字微博短文。

（2）图文结合的微博短文。与纯文字的短微博相比,图文结合的微博短文更加适合当代人的阅读特性。一般来说,图文结合的短微博短文包括单图、多图和拼图三种形式,其图片可以是长图,也可以是动图,如图 7-2 所示。图文结合的微博短文,图片一般与文字相匹配,可用作补充,或强调、说明文字。除了为微博文字服务,图片还可能是微博短文的主体,因为图片的表现能力更强,视觉效果更佳。而大多数图片只包含关键文字,其句子简练、可读性强,其中,以对偶句式最为常见。

图 7-1　纯文字微博短文

图 7-2　图文结合微博短文

2. 微博头条文章

微博头条文章包含的元素很多，其标题和摘要、正文内容、表达风格、排版设计等因素都会影响文章的阅读量，下面就从这四个方面介绍微博头条文章的创作，如表 7-1 所示。

表 7-1　微博头条的元素及要点说明

元　　素	要　点　说　明
标题和摘要	在创作标题时，应当多运用符号（如"【】""，""？""！"等）与各类句式（祈使句、疑问句、感叹句等）来作为标题元素
正文内容	在撰写正文时，可以将正文分为开头、主体和结尾三个部分，可以设置悬念，也可以采用欲扬先抑或层层递进的写法
表达风格	表达风格与微博博主的写作风格有关，可以是严谨的，也可以是幽默的、风趣的，但应该与用户的特点相呼应，可根据目标用户的喜好来调整
排版设计	排版设计关系着用户的阅读体验，一般应选择适中的字号，将标题、重要句子和词语等加粗显示，与文章的字体和字号产生对比，也可以添加一些图片、表情等，增加版面的美观性，提升用户的阅读体验

3. 其他

除了微博短文和头条文章，运营人员还可以在微博中发布视频、开设直播等。微博视频的关键因素是内容，内容的好坏直接决定了视频的传播度和影响力。在微博中，内容新颖并富有创意、有情感、有价值的视频更能获得粉丝的关注和喜爱。

7.2.2 微博营销内容的运营技巧

微博庞大的用户群体造就了新鲜事件、热门话题等的快速传播,因此在进行微博运营时,运营人员要充分利用微博覆盖范围广、传播速度快等优势,结合微博内容的运营技巧,提升内容的可读性,提升用户的阅读兴趣。下面从建立微博素材库、把握发布时机、借势、巧用@功能、撰写原创微博内容五个方面对运营技巧进行介绍。

1. 建立微博素材库

做好微博运营的关键点之一就是建立素材库,以微博定位为基础,保持持续、有效的微博信息更新,有针对性地寻找与微博定位相匹配的内容。微博素材分为专业领域素材和热点话题素材,如表 7-2 所示。

表 7-2 微博素材的分类及要点说明

分　　类	要　点　说　明
专业领域素材	专业领域素材指与微博定位相匹配的内容,是用于吸引粉丝的主要内容,如娱乐微博的娱乐信息、科普微博的科普信息等
热点话题素材	热点话题素材指微博上传播广、影响力大的内容。知名度比较高的社会话题,不仅是各大企业或产品运营的首选素材,更是很多自媒体"大V"获取关注和吸引流量的主要手段

2. 把握发布时机

微博内容的发布时机需要根据实际反馈和微博数据进行动态调整,并没有固定的时间段。根据调查,微博用户一般在上午 9:30—12:00、下午 3:30—5:30、晚上 8:30—11:30 较为活跃,因此,这三个时间段就是发布微博的黄金时段。

运营人员可选择定时发送,即在计算机端微博"我的首页"页面单击头像或昵称,选择"创作者中心"页面,再选择"内容管理",单击"定时微博"按钮,如图 7-3 所示。

图 7-3 定时发送

3. 借势

借势是指及时抓住广受欢迎的社会新闻、事件以及人物的名人效应等展开相关活动，达到提高企业或产品知名度、美誉度，树立良好品牌形象，促成产品或服务销售的目的。

运营人员可借助网络流行语、娱乐新闻、社会事件等热点编辑微博内容，也可以借助文化、节日等编辑微博内容。一次成功的借势可以节省人力、物力成本，将产品或品牌推进目标用户的视野，甚至引起裂变的"病毒"式传播效应。借势名人或热门事件，是最简单的快速引发热度和关注的途径。

4. 巧用@功能

在微博运营中，@功能能有效提升内容传播度与互动性，以下是一些使用技巧。

（1）@相关领域"大V"。发布内容时，@相关领域知名"大V"。例如，你分享美妆产品使用心得，就@美妆界头部博主，他们的粉丝群体广泛，若被其转发评论，能为你的微博带来大量曝光，吸引关注。不过要注意，内容必须优质且与"大V"领域契合，避免生硬提及而引起反感。

（2）@品牌官方账号。如果你在微博分享某品牌产品体验、使用教程，@品牌官方账号，品牌可能会出于对自身产品宣传和用户反馈重视的考虑与你互动，点赞、评论甚至转发你的微博，从而提升你的微博热度，也让品牌方注意到你，为后续合作打下基础。

（3）@好友或同好。发布日常动态、行业讨论话题时，@自己的微博好友或同行，可增强彼此互动，营造活跃的社交氛围，让微博更具生活气息与交流感，吸引他人参与话题讨论，扩大话题传播范围。

（4）@微博官方账号。参与微博官方举办的话题活动、挑战时，@对应的微博官方账号，能确保你的内容被官方关注，增加被选中展示在活动页面的机会，获得更多流量扶持，提升自己在平台上的曝光度和影响力。

5. 撰写原创微博内容

想要写出爆款原创微博内容，需要从选题、语言、形式等多个角度构思。

（1）紧跟热点。关注实时热点，结合自身领域与之关联。例如，热门电影上映，美食博主可发"看［电影名］时突然想到，主角吃的外星美食，灵感是不是来自咱们的［特色美食］，那造型、口感，莫名有点像！♯电影名♯［美食图片］"，借助热点提升曝光。

（2）制造悬念。在开头抛出疑问或神秘话题。例如，"今天发现一个超绝的减肥法，一周瘦 5 斤不是梦，但这方法居然藏在日常［具体场景］里，你能猜到吗？"引发好奇，促使读者点进正文。

（3）巧用互动。发起投票、提问等互动。例如，"养猫的宝子们，给猫选猫粮，你们更看重营养成分还是适口性？［投票选项］快来投出你的一票！"提高粉丝参与度，增加账号活跃度。

（4）突出情感。分享个人经历融入真情实感。例如，"还记得那次和家人一起［难忘经历］，那画面至今刻在我心里，亲情就是这般温暖又珍贵。你们有类似难忘的家庭回忆吗？"引发共鸣，拉近与读者的距离。

（5）图文搭配。文字配上契合内容的高清图片、有趣表情包。例如，美食微博，文字描述美食做法，配上制作步骤图和成品诱人图，让内容更直观生动，吸引眼球。

任务 7.3　微博营销活动的策划与推广

微博营销活动是微博日常运营内容之一，新浪微博针对目标用户专门推出了营销推广的服务活动中心。微博营销的策划与推广主要包括微博营销增粉、微博推广渠道的甄选、提高微博的活跃度和微博营销的变现。

7.3.1　微博营销"增粉"获得"大V"转发

微博粉丝的获取是一个长期的过程，特别是一些有质量的粉丝，需要博主进行持续而长久的运营。下面介绍五种常用的"增粉"方法。

1. 利用身边关系网"增粉"

如果是个人微博，在微博运营前期，通过身边的亲朋好友进行微博互粉，相互加关注，增加微博互动是一种不错的"增粉"方式。如果是企业微博，在企业微博创建之初可以先利用内部员工来积累最初的粉丝，如要求员工关注本企业的微博，并发展员工的个人关系网加关注，可以制定一定的奖励措施，激励员工对本企业微博进行推广。另外，企业还可以与合作伙伴进行沟通，双方要发动各自的资源互相宣传和关注。

2. 通过外部平台引流"增粉"

在微博中，可以将其他平台（如博客、豆瓣、视频、直播、问答、微信、QQ、媒体网站等平台）上已有的粉丝引流到微博，甚至可以在出版物上注明个人或企业的微博账号，引导用户关注。这是一种非常直接且快速地积累粉丝的方法，并且积累的粉丝质量普遍比较高，所以对于运营人员来说，一定要利用好各种平台资源，形成一个完整的传播矩阵，互相促进和提高。

3. 通过发起微博活动"增粉"

通过发起微博活动增加粉丝的方式比较常见，但是有效提高活动的参与度、"增粉"并不容易。对于用户来说，他们更愿意参与一些新鲜、有趣、有奖励的活动。因此，博主可以通过关注转发抽奖、关注参与话题讨论等形式，引导粉丝转发微博，吸引非粉丝用户的关注。图 7-4 所示为微博上常见的"关注＋转发"抽奖活动。

4. 通过与其他微博博主合作"增粉"

当个人的影响力有限时，还可以与其他微博博主进行合作，联合双方或多方的影响力，扩大宣传范围。一般来说，应该尽可能地选择有影响力的微博博主，或与网络"大V"合作、发起活动等，借助"大V"的影响力为自己"增粉"。这种方式往往可以为活动双方带来利益，如图 7-5 所示。

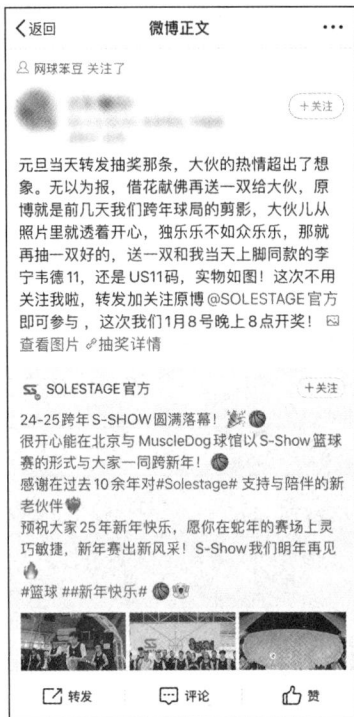

图 7-4　"关注＋转发"抽奖活动

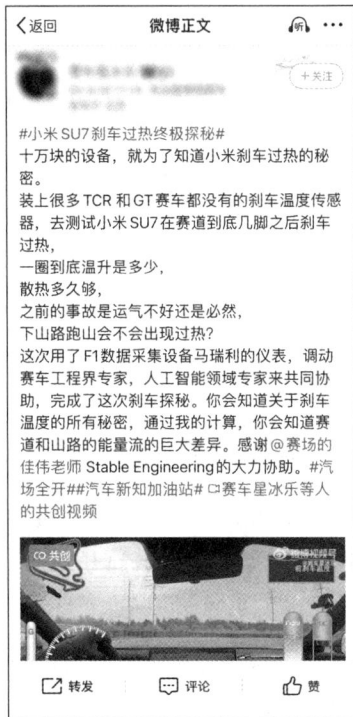

图 7-5　通过与其他微博博主合作"增粉"

5. 通过微博内容"增粉"

通过微博内容"增粉"是指通过发布有价值的、有趣的内容来吸引用户，这就要求博主能够输出高质量的微博内容。一般情况下，如果微博的内容对用户有一定价值并且足够吸引人，就会被大量转发。当然这对博主的创作能力、表达能力和专业知识要求较高。

7.3.2　微博推广渠道的甄选

有微博运营经验的人都知道，单一的渠道推广通常很难吸引更多粉丝，也不利于企业品牌的曝光和产品转化，因而在运营过程中还需要借助其他渠道推广，以更加多元化的策略开展微博营销活动。目前以微博平台为主的推广渠道有私信群发、微博粉丝通、微任务、热门话题/热门微博、广告五种形式。

1. 私信群发

私信群发是微博用户（主要指认证用户）与其订阅用户（粉丝）进行互动、传达信息的一种有效方式。通过这种方式，微博用户可以直接将信息快速发送给订阅用户（粉丝），让他们了解微博活动内容，从而引导订阅用户（粉丝）积极参与活动。

登录微博后，进入"个人主页"，点击"创作者中心"按钮，在导航栏中点击"私信管理"，如图 7-6 所示。私信群发属于"私信管理"的附属功能，可根据订阅用户的性别、地区以及分组进行文字、语音、图片、图文的群发。

图 7-6　私信群发

2. 微博粉丝通

微博粉丝通是基于微博平台的海量用户,将广告信息直接推送给粉丝和潜在用户的一项广告投放服务。广告主可以根据用户属性和社交关系将信息精准投放给目标人群,从而使广告营销更加有效。此外,微博粉丝通也具有普通微博的全部功能,如转发、评论、收藏、点赞等,可实现广告的二次传播,从而大幅提高广告转化率。

企业在利用微博粉丝通推广信息时需按照相应的流程,根据粉丝通平台的规则并结合企业营销目的,按照实际情况灵活选择和设置投放条件。想要取得好的投放效果,还需注意一些投放技巧,如表 7-3 所示。

表 7-3　微博粉丝通的推广技巧及要点说明

推 广 技 巧	要 点 说 明
微博创意一定要新颖出众	通常来说,一个优秀的微博广告创意可以从文案、配图、着陆页三个方面进行考虑,不仅有出众的文案配上精美的图片,还要有好的着陆页面
设置人群定向时,优先考虑性别、年龄、地域等人口学属性	依据年龄、性别、地域等特征,结合兴趣爱好,行为习惯精准设置微博推广人群
投放时注意区别手机用户和网页用户	在写文案、设置人群定向和出价的时候需要区分手机用户和网页用户
回复及时	评论是客服的阵地,用户在评论区留言之后,企业要第一时间给予回复,引导并留住潜在用户

3. 微任务

微任务也属于微博推广的重要渠道,目前支持个人用户、企业用户、自媒体账号三种类型。活动的形式为用户主体先在微任务上发布推广任务,再由自媒体账号承接用户发布的任务,帮其进行推广。自媒体完成推广任务后,用户需向自媒体支付一定数额的佣金。微任务的活动类型有直通车推广和阅读加推广两种。

企业发布微任务同样需要遵循相应的流程,但即使发布流程无误,也存在审核不通过的情况。审核不通过的原因通常包括以下六种。

　　（1）任务内容中含违禁词汇、违反国家相关法律法规的内容。

　　（2）所推广的商品涉及广告法禁止的广告宣传商品（包括药品、保健品、减肥药、烟草等）。

　　（3）所推广的待售商品未获得销售授权。

　　（4）涉及违反新浪微博运营规则的推广内容，如买卖粉丝、虚假粉丝等。

　　（5）在推广微博的链接中植入了第三方平台的统计代码。

　　（6）微博链接指向的网站含有非法内容、恶意弹窗等。

4. 热门话题/热门微博

　　热门话题和热门微博是新浪微博对微博平台上特定时段内活跃程度较高的微博和话题的客观反映，也被网民认为是网络热点的风向标，网民通过榜单可以对粉丝关注的兴趣和话题进行实时聚焦。如图 7-7 所示为微博热搜榜。

　　热门话题和热门微博的活跃度较高，用户参与性较强，可以帮助企业在短时间内获得高曝光率，迅速将企业广告内容以裂变的方式传播出去，进而实现企业营销的目的。此外，借助热门话题和热门微博进行推广的成本较低，可以为企业省去高额的广告费用。因此，热门话题和热门微博营销备受青睐。

5. 广告

　　除了上述几种微博营销推广方式，还有一种方式在企业微博营销中也很常见，即新浪广告。2013 年，新浪推出"推广信息流"广告系统，即在用户信息流中插播推广信息，在微博昵称下方用灰色字体注明"广告"字样。图 7-8 所示为微博话题页面广告。

图 7-7　微博热搜榜

图 7-8　微博话题页面广告

7.3.3　提高微博的活跃度

提高微博的活跃度主要有以下六种方式。

1. 多发微博,提高账号的活跃度

多发布有趣的内容、有用的"干货",以提高微博账号的活跃度。

2. 多与粉丝互动,增加博文的曝光量

看到精彩的评论可以转发,让粉丝感受到你对他的重视;经常到忠实粉丝的微博下面进行评论,增进和粉丝的感情。

3. 引导粉丝之间互动

运营者可以引导粉丝之间互动,提高粉丝群体的活跃度。

4. 通过话题,增加博文转发量和曝光量

这一般是蹭热点话题,引发讨论和转发。

5. 提供"干货"内容及其下载途径

经常提供有用的"干货"内容及其下载途径,可以获得粉丝的欢心。

6. 有奖活动

举办抽奖活动,赠送小礼品,提高粉丝的参与热情,活跃微博账号。无论是企业微博还是个人微博,存活的重要条件都是从粉丝出发,满足粉丝的需求。

7.3.4　获得"大V"转发

获得"大V"青睐,得到"大V"的转发,会增强你的微博账号的影响力。

1. 找到合适领域的"大V"

找到合适领域的"大V"有以下两个方面的技巧。

（1）了解"大V"的基本信息。通过查阅微博账号的基础信息,或通过其他渠道,如微信公众号、百度百科、今日头条等了解"大V"所在领域,若与自己的微博账号为同一领域,自己发布的微博更有可能获得"大V"的喜爱。

（2）了解"大V"的互动习惯。观察"大V"的更新频率、活跃时间段,观察"大V"是否经常与用户互动,互动的方式是怎样的,是点赞、转发,还是直接推荐,弄清楚"大V"会点赞、转发或直接推荐什么样的微博内容。

2. 与"大V"形成良好的互动关系

与"大V"形成良好的互动关系有以下两个技巧。

（1）长期与"大V"互动,成为"大V"的铁粉。

（2）在"大V"有宣传需求时,帮助"大V"点赞、转发、评论等,为其进行宣传。

3. 获得"大V"转发的技巧

获得"大V"转发有以下两个技巧。

（1）经常给"大V"的话题微博写有质量的评论，一般会引发"大V"的转发。

（2）给"大V"发私信。对于关注你的"大V"，运营者可以通过私信方式，先有礼貌地问他对于你这条博文的意见，再问一下他是否可以帮忙转发。

7.3.5　微博营销的变现

微博营销的变现主要分为微博内容变现、微博电商变现、微博广告变现、微博影响力变现和微博 MCN（multi-channel network，多频道网络）机构五个方面。

1. 微博内容变现

在微博平台上，很多博主提供了相当专业的内容，这些内容具有很高的价值。因此，微博平台提供了相应的功能，让这些高价值的内容可以得到回报，如付费问答和内容打赏等。

（1）付费问答。付费问答让博主和粉丝之间的互动方式更丰富，内容更有针对性，粉丝可以向博主提出自己感兴趣的问题，博主可以挑选自己愿意回答的问题进行回答。粉丝提问并支付成功后，博主就会收到问答提醒。博主回答后即可获得该问题的收益，同时该粉丝会收到博主已回答的通知。如果博主 7 天之内未回答，费用将退回提问粉丝的账户。另外，博主回答问题后，其他粉丝如果同样对该问题感兴趣，支付 1 元即可"围观"博主的回答。开通付费问答的方法如下。

（1）在微博 App 中，点击右下角"我"按钮，再点击"创作中心"按钮，如图 7-9 所示。

（2）"创作中心"页面中，点击"查看更多"按钮，如图 7-10 所示。

图 7-9　点击"创作中心"按钮

图 7-10　点击"查看更多"按钮

（3）在"变现工具"中点击"付费问答"按钮，如图 7-11 所示。在"问答收益"页面中点击"我要去开通"即可开通付费问答，如图 7-12 所示。

图 7-11　点击"付费问答"按钮

图 7-12　开通付费问答

（2）内容打赏。和微信公众号的文章打赏一样，微博文章除了付费阅读功能，还有赞赏功能。开通内容打赏的方法如下。

① 在"变现工具"中点击"赞赏"按钮。

② 在"微博赞赏"页面中点击"赞赏设置"按钮，如图 7-13 所示。然后点击"开启微博赞赏功能"按钮即可，如图 7-14 所示。

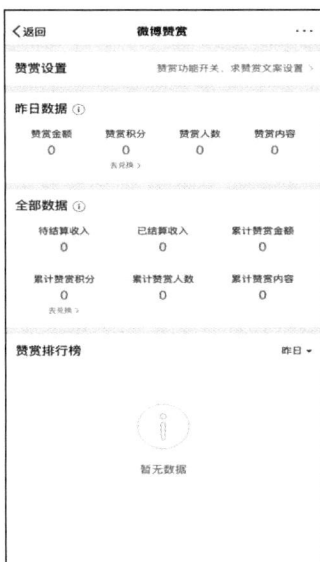

图 7-13　点击"赞赏设置"按钮

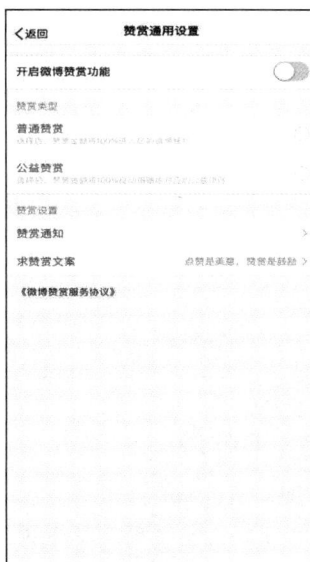

图 7-14　开启微博赞赏

付费问答和内容打赏这两个功能都可以实现知识付费，但是对博主的知识水平和输出质量要求较高。

图 7-15　开通微博小店

2. 微博电商变现

微博是一个优质的信息曝光平台，很多博主会在发布的博文中巧妙地加入淘宝、天猫、京东等外部链接，这样可以使用户通过点击链接直接跳转到店铺中去，形成良好的店铺引流。

微博账号可以不断积累粉丝，当粉丝达到一定数量后，在微博文章中植入软广告可以实现粉丝变现。微博一般有 5% 的粉丝是忠实粉丝，而且他们具有一定的购买力，维护好忠实粉丝，微博电商变现就会很容易。

（1）微博小店。微博小店是微博电商变现的最重要工具，博主可在微博内容中巧妙地加入淘宝、京东、拼多多等电商平台的产品链接，从而赚取成交产品的佣金。开通微博小店的方法如下。

① 在"变现工具"中点击"小店"按钮。

② 完成绑定手机号、人脸识别、开通 VVIP，然后点击"一键开通"即可开通微博小店，如图 7-15 所示。

（2）微博电商变现的常见方式。微博电商变现有以下四种常见方式，如表 7-4 所示。

表 7-4　微博电商变现的常见方式及要点说明

常 见 方 式	要 点 说 明
发布"干货"，同时带上相关产品链接，转发加评论可抽奖	博主以转发加评论可抽奖的方式，提高粉丝参与的积极性
预热直播间，关注加转发加评论可抽奖送礼品	提前发布与产品相关的优惠信息，引起用户的观看和购买兴趣。预热一般会提前 3～5 天开始，预热时间太长容易导致用户流失
发布测评，同时进行产品推荐	测评类内容非常受用户喜爱和关注，因为直接的产品效果更容易让用户产生信任
发放优惠券，进行产品推荐	很多用户平时看好一款产品不会马上下单，在有优惠的时候会更容易下单购买，优惠券则会进一步刺激用户下单

3. 微博广告变现

（1）微博广告变现的三个关键要素。博主想要实现广告变现，或者吸引广告主投放广告，有以下三个关键要素需要注意。

① 账号归属领域受欢迎，带货能力较强。比较受欢迎的领域有美妆、母婴、美食、萌宠、健身等，这些领域的账号大多粉丝黏性比较强，带货和变现能力比较强。

② 微博内容垂直性强,风格鲜明。内容垂直性强、风格鲜明的账号更能吸引广告主投放广告。

③ 账号的 IP,即人设特征明显、粉丝黏性强。人设特征明显、粉丝黏性强的账号更能吸引广告主投放广告。

(2) 微博广告共享计划。微博广告共享计划是微博平台推出的一项扶持政策。用户只要浏览博主的文章,微博平台就会给予博主广告补贴,这是博主除广告、电商、内容付费之外的又一收入来源。

"流量为王"这四个字在微博广告共享计划中体现得淋漓尽致。只要微博账号的粉丝量达到1万人,过去30天内阅读量累计达到100万人次就能开通微博广告共享计划。开通微博广告共享计划后,博主在微博发的每一段文字(包括文章和单纯的微博帖子),只要有人阅读,就能产生收入,而且阅读量越大,收入越高。

(3) 微任务平台。为了防止发布的微博内容被屏蔽,微博官方推荐博主在发布广告时,使用微博的官方推广平台——微任务平台(只有账号的粉丝量达到一定水平,目前是1000人以上,才能使用微任务平台)。博主报价后,广告主可以根据需要选择投放与否。同时,广告主也可以通过微任务平台了解博主的带货效果。

4. 微博影响力变现

影响力和信任感有关,而使用户产生信任感最快的方式之一就是打造 IP。例如,某销售口红的"网红"就是一个大 IP,他的直播卖货非常火爆,如果他没有影响力,那么根本就不会有用户去围观和购买,这就是影响力的作用。

(1) IP 代言变现。博主有一定的影响力之后,就会有很多品牌合作机会。品牌方会找到博主,邀请其为品牌代言,博主就有了利用自身影响力进行变现的机会。

(2) IP 产品变现。博主有一定的影响力之后,不仅可以通过代言变现,还可以实现自有产品变现。

个人品牌的打造不是一日之功,需要长时间的优质输出,才有机会实现影响力变现。此外,还有一些其他变现方式,如投稿变现、周边文创变现、多平台分发变现等。变现不是一蹴而就的,每一次变现的实现,都是市场对博主能力的认可。

5. 微博 MCN 机构

内容创作机构成为微博 MCN 机构后,可获得微博的专属资源和政策倾斜,并通过持续运营,不断扩大旗下账号矩阵的规模和活跃度,增强自身品牌的影响力,提升其商业价值,并帮助微博 MCN 机构成员提高知名度和增强影响力。

(1) 微博 MCN 机构入驻及资质要求。在计算机端登录微博账号,找到申请入口,填写申请信息和上传相应资料即可。

① 申请者应是实体公司或机构,且主账号须为微博认证账号。

② 机构旗下自运营或线下签约合作运营至少有5个阅读量不低于10万人次的微博账号。

资质审核通过后,申请者距离成为正式微博 MCN 机构还差一步,还需要根据相应条件申请资源扶持,申请成功才能成为正式微博 MCN 机构,也才能享受相应的资源扶持。

作为微博的合作机构，垂直 MCN 机构接入的时候，会由微博垂直领域的业务运营方进行统一对接并提供服务。

（2）入驻微博 MCN 机构可获得的资源扶持。博主加入微博 MCN 机构可以获得各项专属服务（包括官方身份、专员对接、成员管理等）、专享功能、优质资源包，还可以优先参与更多商业变现计划。目前博主入驻微博 MCN 机构后，可以在后台获取的扶持资源主要有以下三种。

① 粉丝头条，即可以在机构所属的对应领域匹配到一定数量的粉丝头条资源，用于机构成员的投放，帮助其推广和宣传微博内容。

② 官微转发，即可以在机构所属的对应领域匹配到一定数量的微博官方账号，用于帮助机构成员曝光微博内容。

③ 视频流，即微博视频官方会匹配一定量级的视频流资源给机构成员，用于帮助机构成员曝光视频内容。

此外，微博 MCN 机构旗下博主实现账号变现会更加系统和持续。微博 MCN 机构与微博之间可以产生更多的合作机会，为博主争取更多的资源扶持和曝光。

（3）成员邀请。成员邀请不受领域限制。机构自营账号或签约合作账号，互为好友，该成员未加入任何其他机构，即可加入微博 MCN 机构。

（4）如何才能获取扶持？资质审核刚通过时，机构处于无扶持的状态，无法使用资源管理、数据管理、广告管理、成员权益管理、内容管理五大模块。旗下账号满足某一领域或某一内容方向的接入标准后，即可点击"我的资源"下的"资料来源"申请相应扶持，只要满足扶持标准即可申请多方扶持。

① 垂直领域扶持说明。机构在单一领域月均阅读量大于 10 万人次的旗下成员达到 5 个，即可申请，且旗下现有及后续加入该领域的成员均可享受垂直领域扶持。

② 电商扶持说明。机构须与微博电商线下洽谈签约。

③ 视频扶持说明。机构至少拥有 2 个发布原创视频的微博账号且视频数均大于 4 条，其中至少有 1 条视频播放量大于 10 万次，即可申请扶持，且旗下现有及后续加入的成员满足原创视频数大于 4 条者均可享受视频扶持。

项目考核

一、填空题

1. 微博营销是指通过微博平台为商家、个人等创造价值而执行的一种营销方式，也指商家或个人通过微博平台发现并满足用户的各类需求的_____。

2. 微博营销通过内容、活动触达用户的同时，还可以_____进行用户维护，提高用户的满意度。

3. 企业通过微博营销获取一定数量的粉丝后，可以在微博平台上发布产品推文，植入产品的购买链接，在粉丝购买后实现_____。

4. 图文结合的短微博短文包括单图、多图和＿＿＿＿＿＿＿三种形式。

5. 借势是指及时抓住广受欢迎的社会新闻、事件以及人物的名人效应等展开相关活动,达到提高企业或产品知名度、美誉度,树立＿＿＿＿＿＿＿,促成产品或服务销售的目的。

二、判断题

1. 个人微博营销是指个人做好自己微博营销的方法和经验技巧。　　　　　　　（　　）

2. 近年来很多网络热门事件都是最先通过微博发布的。用户只要能够上网和拥有计算机或智能终端设备,即可随时随地将信息发布出去。　　　　　　　　　　　（　　）

3. 微博内容运营是指运营人员利用微博,采用文字、图片、视频等形式将信息友好地呈现在用户面前,激发用户参与、分享、传播的完整过程。　　　　　　　　　（　　）

4. 微博短文可以直接通过微博首页文字输入框发布,需要排版。　　　　　（　　）

5. 借助热门话题和热门微博进行推广的成本较低,可以为企业省去高额的广告费用。

　　　　　　　　　　　　　　　　　　　　　　　　　　　　　　　（　　）

三、简答题

1. 简述微博的用户需求。

2. 简述微博营销的价值。

3. 简述微博营销的优势。

4. 简述微博营销内容的运营技巧。

5. 简述微博"增粉"的方法。

项目 **8**

新媒体营销数据分析

学习目标

知识目标

（1）了解新媒体数据分析概念与来源。

（2）熟悉新媒体数据分析的工具。

（3）掌握新媒体数据分析的步骤与方法。

技能目标

（1）能够对微信营销数据进行分析。

（2）能够对微博营销数据进行分析。

素养目标

培养学生尊重数据、实事求是、科学严谨的精神和态度。

引导案例

大数据时代下新媒体的困局

在大数据时代，信息以爆炸性的规模和速度与现实生活接壤，追求精确的数据获取方式和处理方式已不再是时代的主流，多元、繁杂的信息源充斥于我们的感知范围内，形成了碎片化的信息获取模式。新媒体在时代潮流中应运而生，它反映了这样一种时代发展要求，即改变传统运营思维、注重数据分析提炼、用数字驱动品牌营销。在跨越式发展中，新媒体业界也存在着一系列的隐患，这些隐患是新媒体工作者必须着手解决的。

1. 数据为重，但要以人为本

数字化时代以数据说话，数据是工作的重点，但数据并非工作的本源。我们不能忽视的是，对于社会工作的最终本体——从业者来说，个体性的发挥是关键所在。乔布斯曾经表示，苹果不做市场调研，员工的自主创新不应受数据的统治。数据的重要性往往会令企业管理者压缩员工发挥创造力的空间，一切以数据为导向，这在强调自主创新的信息化时代成了企业进步的阻碍。回归人本位，最大限度地发挥创新潜能，会让企业更好地获取利益。

2. 信息泄露和信息轰炸

在大数据时代，用户的行为信息已经通过互联网技术转化为数据信息，为存储终端所保留，并为数据处理商提供数据分析源，用户的信息面临泄露的危险。同时，大数据技术的广泛使用，导致了信息推送的泛滥。例如，在你浏览新闻时，如果购物软件经常给你发商品广告,这样的情况往往让人厌烦。时下的新媒体从业者应该充分顾及信息安全和信息推送的频次,信息可以繁多冗杂,但不应该成为乱的根源。

3. 碎片化的信息需要去粗求精

也许我们现在仍无力改变互联网事物获取方式的碎片化,但作为新媒体从业者仍可以从内容、形式等层次上对信息严格把关。微信公众平台的专辑功能,就是汇总精品信息资源,将过去的"碎片阅读"整理成"体系阅读"。去粗求精的本质是倡导优质资源的整合,受众对于信息的获取从开始的全盘接收到"唯品牌是从"的观念转变也能在一定程度上反映这一现实。拨开大数据的迷雾,认清现实困难,才能让新媒体工作者更有目的、有方向,在信息时代的航行中保持清醒和独立思考。

案例拆解任务单

实训地点:	教室:	小组成员:

一、任务描述

1. 实训任务:案例拆解。

2. 实训目的:了解新媒体营销相关知识。

3. 实训内容:①以小组为单位,分工搜集"大数据时代下新媒体的困局"的相关信息;②以"大数据时代"为基础,分析如何进行新媒体营销;③完成一份案例分析报告并制作案例分析汇报 PPT。

二、相关资源

以"大数据时代下新媒体的困局"等为关键词,查询大数据背景下新媒体营销相关的网络资料。

三、任务实施

1. 完成分组:4～6 人为一组,选出组长。

2. 围绕该案例,在网络上查询与"大数据时代下新媒体的困局"有关的信息并进行整理和分析,然后提交案例分析报告。

3. 小组分工撰写汇报 PPT,完成后选出代表进行汇报。

四、任务执行评价

任务评分标准

序号	考核指标	所占分值	评价要点	得分
1	完成情况	20		
2	内容	60		
3	分析质量	20		
总　　分				

任务 8.1　新媒体数据认知

现在已经有越来越多的商家意识到数据是新媒体营销坚实可靠的后盾。不进行数据分析就制定运营策略的商家,在大数据时代很难生存。随着新媒体竞争越来越激烈,数据分析渐渐成为一种有效的营销利器并进入商家的视野。

8.1.1　新媒体数据分析概念与来源

新媒体数据分析是通过数据的形式把各方面的情况反映出来,使运营者更加了解运营情况,然后寻找解决问题的方法,以便调整优化运营策略。

1. 新媒体数据分析的概念

数据分析是指有针对性地收集、加工、整理数据,并采用适当的统计分析方法对数据进行归纳,提取其中有用的信息形成结论。数据分析是新媒体运营不可缺少的环节,通过分析各项运营数据得到具有参考价值的结论,从而对新媒体运营进行科学的指导。

2. 新媒体数据的来源

目前新媒体平台包括微信、微博、今日头条、各种网站等,根据平台划分,新媒体数据的主要来源可以分为微信数据、微博数据、今日头条数据、各种网站数据等。在进行新媒体数据分析时,使用频率高的是微信朋友圈数据、微信公众号数据、微博数据、今日头条数据和网站数据。

(1)微信朋友圈数据。一般以微信个人号作为主要推广平台的新媒体团队,常以"社群运营＋朋友圈运营"的方式进行品牌宣传或产品推广,因此微信朋友圈数据分析通常需要分析好友增长数量、朋友圈点赞数量、朋友圈购买数量、导购文案转化率等。

(2)微信公众号数据。微信公众号数据对于微信公众号的运营有极强的指导意义。例如,通过变换内容风格和分析阅读数据,运营者可以了解粉丝的阅读喜好;通过分析粉丝数量的增减,运营者可以分析出推广是否有效。

(3)微博数据。无论企业还是个人,都可以在微博后台查阅微博数据。新媒体运营者可以在网页端登录微博后,单击"管理中心",进入"数据助手",了解微博数据。

(4)今日头条数据。作为新兴的内容平台,今日头条的后台具有很强的数据统计功能,新媒体运营者可以借助今日头条数据,对标题、内容、推荐、阅读、评论等数据进行系统分析。

(5)网站数据。虽然在自媒体时代微博与微信是新媒体团队进行品牌推广或产品销售的主要阵地,但是作为新媒体平台的重要环节,尤其是不受平台更新迭代影响的自有互联网阵地——网站的运营作用同样不容小觑。

8.1.2　新媒体数据分析的工具

工具的使用可以有效提升新媒体运营效率,而数据分析工具相较于人工手动分析而言,效率最大可提升 10 倍。因此,分析新媒体数据,必须掌握常用的数据分析工具。

常用的数据分析工具共四类,包括网站分析工具、自媒体分析工具、第三方分析工具和本地 Excel 工具。

1. 网站分析工具

网站分析工具包括百度统计、CNZZ 统计、Google Analytics、站长工具、爱站网等,主要为网站运营者提供数据支持。网站站长可以在以上第三方站长工具平台注册账户,然后申请统计代码;获取统计代码后,将统计代码粘贴至网站对应的位置;随后即可在第三方站长工具平台查看与分析数据。

2. 自媒体分析工具

自媒体分析工具是使用难度最低的一类数据分析工具,运营者无须掌握分析函数或统计代码,所有数据一键生成。

无论微博、微信还是今日头条等平台,都具有完整的统计功能。利用后台自带的分析工具,新媒体运营者可以直观看到用户增长、互动等数据。常见的自媒体分析工具功能如表 8-1 所示。

表 8-1 常见的自媒体分析工具功能

平台	自带统计功能
微信公众号	用户分析、图文分析、菜单分析、消息分析、接口分析、网页分析
今日头条	文章分析、头条号指数、粉丝分析、热词分析
微博	粉丝分析、内容分析、互动分析、相关账号分析、文章分析、视频分析
大鱼号	文章分析、视频分析、用户分析、大鱼星级
百家号	文章分析、百家号指数、粉丝分析
一点号	文章分析、一点号指数、订阅用户分析、阅读用户分析
企鹅号	内容统计、视频统计、订阅数统计
搜狐号	总体数据、单篇数据
网易号	订阅数据、内容数据、网易号指数

3. 第三方分析工具

第三方分析工具指的是非官方平台自带的、需要官方平台授权后才可以使用的数据分析工具。第三方分析工具与自媒体分析工具的主要区别在于前期的注册与授权,一旦授权完毕,后续操作与自媒体分析工具类似,直接通过网站即可查看。

常见的第三方分析工具包括新榜数据、西瓜助手、孔明社会化媒体管理平台、考拉新媒体助手等。

4. 本地 Excel 工具

对于有一定办公软件操作基础的新媒体运营者,可以借助 Excel 工具进行数据分析。分析的数据主要来自两大渠道:一是人工统计,二是后台导出。

(1) 利用 Excel 工具处理人工统计数据。人工统计的数据包括文章发布数量、后台评论类别、同行口碑分析、行业标杆拆解等。由于自媒体分析工具及第三方分析工具都不具备这类数据的抓取统计功能,因此这类数据需要自媒体运营者手动统计与分析。

此类数据经过人工记录后,可以利用 Excel 工具进行分类汇总与分析。

(2) 利用 Excel 工具处理后台导出数据。处理后台导出数据的主要应用条件是自媒体分析工具和第三方分析工具无法满足个性化数据分析。在微博、微信公众号、今日头条等后台均可将 Excel 数据导至计算机本地。

导出后台数据后，新媒体运营者可以利用 Excel 工具对数据进行个性化分析，包括时间分析、公式分析、对比分析、趋势分析等。

8.1.3　新媒体数据分析的步骤

互联网每天都有大量数据产生，新媒体运营团队每天都会遇到的数据包括粉丝数据、流量数据、转化数据、下载数据等。如果将所有数据进行统计与分析，会极大影响新媒体运营效率，同时大量无意义的数据处理也会造成资源的浪费。因此，新媒体运营团队必须有目的、有方法地挖掘与分析数据，使数据真正为新媒体营销服务。

新媒体数据分析通常需要五个步骤，包括目的设定、数据挖掘、数据处理、数据分析、数据总结。

1. 目的设定

新媒体数据分析是为了帮助新媒体团队更科学地制定计划，更精准地评估效果。数据分析人员要在数据分析需求中提炼出需要解决的具体问题，然后找到问题的关键点，接着提炼出分析目的。

2. 数据挖掘

在这一环节，新媒体团队需要围绕第一步中设计出的目的，有针对性地挖掘数据。在数据挖掘环节，需要将与目的对应的全部数据罗列出来，然后进行数据挖掘。对于网站或第三方数据分析工具已有的数据，可以直接在后台找到相应数据；对于个性化数据，在网站或第三方数据分析工具无法获取的，需要新媒体团队进行手动统计。

3. 数据处理

在数据挖掘环节得到的数据通常属于原始数据，这样的数据无法直接使用。因此，需要对原始数据进行处理，得到可被分析的数据。

数据处理通常包括数据剔除、数据合并、数据组合三个方面，如表 8-2 所示。

表 8-2　数据处理的内容及要点说明

内　　容	要　点　说　明
数据剔除	可以将原始数据中无意义的字符或与目的不相关的数据在数据处理环节进行剔除，否则会增加分析难度
数据合并	原始数据中相近的数据需要进行数据合并
数据组合	原始数据中的过程数据需要进行数据组合，借助公式设计出更适合分析的数据

4. 数据分析

经过处理的数据具有可分析的价值，新媒体团队可以进行分析。常见的新媒体数据分析包括流量分析、销售分析、内容分析和执行分析，如表 8-3 所示。

表 8-3 数据分析的内容及要点说明

内　容	要　点　说　明
流量分析	即网站或网店流量分析,通过对访问量、访问时间、跳出量、跳出率等流量数据的分析,可以评估网站运营的基本情况
销售分析	即对互联网产生的下单数量、支付比例、二次购买比例等进行分析,寻找当前互联网销售存在的问题
内容分析	即对新媒体平台内容发布情况的统计,包括微信公众号阅读量、微博头条转发量、今日头条文章推荐量等
执行分析	即对团队成员的日常执行工作进行统计与评估,包括文章撰写速度、客服响应效率、软文发布频率等

5. 数据总结

新媒体运营情况、同行新媒体运营状态、行业新媒体发展趋势等数据,对新媒体团队甚至企业整体营销都具有指导意义。因此,分析完数据后,需要对数据进行总结,一方面便于内部沟通,另一方面便于对分析结果或规律加以应用。

8.1.4　新媒体数据分析的方法

虽然很多新媒体平台提供的数据分析工具可以进行数据统计分析,但仍有很多数据需要运营人员归纳后自行总结分析。因此,运营人员要掌握数据分析的常用方法,主要包括结构分析法、对比分析法、漏斗分析法、拆分分析法等。

1. 结构分析法

结构分析法是指在统计分组的基础上,将组内数据与总体数据进行对比分析的一种方法。结构分析法主要用于某一部分与总体的占比分析,是一种相对指标分析法。

2. 对比分析法

对比分析法是指将两组或两组以上的数据进行对比,通过数字展示或说明研究目标的大小、水平高低、速度快慢,以及各种关系是否协调等。根据对比标准的不同,可以将对比分析法分为纵向对比和横向对比,如表 8-4 所示。

表 8-4 对比分析法的类型及要点说明

类　型	要　点　说　明
纵向对比	指不同时间段同一指标的对比,如 2023 年 1 月至 12 月某店铺各产品的销量对比
横向对比	指同一时间段不同指标的对比,如 2023 年 12 月某店铺各产品的销量对比

3. 漏斗分析法

漏斗分析法是指将运营各个环节的流程进行对比分析,以直观地发现并说明问题,如对运营各个环节的转化（从展现、点击、访问、咨询、订单生成的角度进行分析）和用户各阶段的转化等进行比较分析。漏斗分析法的各项数据是逐步减少的，要想达到更好的效果可以扩大漏斗的开口。

4. 拆分分析法

拆分分析法是指将一个大的问题进行拆分，将其细分为一个个小问题，从小问题着手进行分析，进而快速找到问题的原因和解决方法。这种方法适用于分析有直接联系的问题，如营业额是由流量、转化率和客单价决定的，因此，如果发现网店的营业额降低，可以将营业额分为流量、转化率和客单价三个小问题，再分别对每一个小问题进行细分。

任务 8.2　常见新媒体营销数据分析

8.2.1　微信营销数据分析

微信公众平台于 2012 年 8 月 23 日正式上线，曾定位为"官号平台"和"媒体平台"，最终定位为"公众平台"，随着定位的改变，腾讯官方对微信公众号寄予了更大的希望。

1. 微信公众平台数据分析概述

通过微信公众平台，可以实现消息推送、品牌传播、分享等一系列一对多的行为。而随着这些行为的产生，无一例外都需要数据监控，评估其传播效果。

微信公众号的后台数据分析分为六大板块，分别是用户分析、内容分析、菜单分析、消息分析、接口分析和网页分析。

了解微信公众号数据分析，对于微信公众号运营主要有以下意义。

（1）了解用户增长趋势和用户属性特征，构建粉丝群体画像。

（2）分析图文阅读量变化趋势，了解粉丝喜好，从而优化内容及找准推送时间。

（3）对用户来源渠道和图文消息传播渠道进行分析，判断粉丝来源途径，了解核心用户所在渠道，方便产品传播与造势。

（4）帮助运营者更好地运营微信公众号，发现问题，并改善各项运营数据。

2. 如何做好用户数据分析

在用户数据分析模块，主要分析的数据是用户增长和用户属性。通过前者，运营者可了解账号粉丝增长趋势与原因；通过后者，运营者能熟悉粉丝情况。

（1）用户增长。从微信后台运营者能了解用户增长模块四个关键性指标，如表 8-5 所示。在这四个指标中，运营者需要重点关注新增关注人数，以便准确判断粉丝的增长趋势。

表 8-5　用户增长指标及要点说明

指　　标	要　点　说　明
新增关注人数	新关注的用户数
取消关注人数	取消关注的用户数
净增关注人数	净增长的关注用户数
累计关注人数	当前关注的用户总数

（2）用户属性。在用户属性中可以看到性别、语言、省份、城市、终端、机型等数据，其中最有价值的是男女比例、城市分布、手机机型。这些数据能帮助运营者掌握粉丝的属性和质量。

当运营者了解了用户分布的整体数据后，包括性别、省份、城市、机型等，最大的意义在于精准地投放网络广告，提升广告转化率。

3. 如何做好图文数据分析

除了用户数据，还有一类数据也很重要，就是图文数据。在了解图文数据之前，运营者需要了解以下数据指标的定义，如表 8-6 所示。

表 8-6　图文数据指标的定义

指　　标	定　　义
送达人数	图文消息群发时，能够送达的人数
图文页阅读人数	点击图文页的人数，包括非粉丝；阅读来源包括公众号会话、朋友圈、好友转发、历史消息等
图文页阅读次数	点击图文页的次数，包括非粉丝的点击量；阅读来源包括公众号会话、朋友圈、好友转发、历史消息等
分享转发人数	转发或分享到朋友圈、微博等的用户数，包括非粉丝
分享转发次数	转发或分享到朋友圈、微博等的次数，包括非粉丝的点击量
微信收藏人数	收藏到微信的用户数，包括非粉丝
原文页阅读人数	点击原文页的人数，包括非粉丝
原文页阅读次数	点击原文页的次数，包括非粉丝的点击量

微信公众号后台的图文分析主要分为单篇图文和全部图文两种类型。

（1）单篇图文。打开单篇图文，运营者能看到最近文章的阅读数据图表。需要注意的是，单篇图文的数据范围仅统计了图文发出后 7 天内的累计数据。7 天以外的数据可以结合首页单篇图文的整体数据进行分析。

目前微信公众号阅读来源包含以下五个渠道，如表 8-7 所示。

表 8-7　微信公众号阅读来源渠道及要点说明

渠　　道	要 点 说 明
公众号会话	文章在选定的时间内通过公众号推送、预览、手动回复获得的阅读量的统计
好友转发	将文章转发给好友或者微信群的阅读量的统计
朋友圈	将文章转发至朋友圈后文章阅读量的统计
历史消息	用户在公众号历史消息里点击文章的阅读量的统计
其他	按照微信官方解释的"其他"阅读来源,总结下来有微信自定义菜单、页面模板、微信搜索、朋友圈热文、关键词回复、文章内部链接和微信收藏

以分析公众号阅读来源的渠道为例,单击某篇文章数据详情,运营者可以看到该篇文章的主要传播渠道,如果后续要加大传播,运营者可以继续深挖这个优势渠道的资源,也可以拓展那些数据不太理想的"潜在渠道"。

（2）全部图文。单击全部图文,运营者能看到昨日关键指标的四项数据,分别是图文页阅读次数、原文页阅读次数、分享转发次数和微信收藏人数,如表 8-8 所示。

表 8-8　全部图文的指标数据及要点说明

指 标 数 据	要 点 说 明
图文页阅读次数	所有图文在某个时间段里的阅读次数(且包括非"粉丝")
原文页阅读次数	点击一篇文章左下角的"阅读原文"的次数
分享转发次数	所有图文在某个时间段里被分享转发的次数
微信收藏人数	文章被用户收藏的人数("干货"类、教程类的内容通常容易被用户收藏)

4. 如何做好菜单和消息数据分析

单击菜单分析,运营者能看到菜单分析昨日关键指标的三项数据,如表 8-9 所示。针对这三项数据,微信后台可以选择查看 7 天、15 天、30 天或任意某个时间段的菜单点击情况数据,或选择按版本进行对比。

表 8-9　菜单分析的指标数据及要点说明

指 标 数 据	要 点 说 明
菜单点击次数	菜单被用户点击的次数
菜单点击人数	点击菜单的用户数
人均点击次数	菜单点击次数/菜单点击的去重用户数

8.2.2　微博营销数据分析

微博是指一种基于用户关系进行信息分享、传播以及获取的网络平台,也是一种通过关注机制分享简短实时信息的广播式社交媒体。微博允许用户通过 Web、Wap、Mail、

App、IM、SMS,使用计算机、手机等多种移动终端接入,以文字、图片、视频等多媒体形式,实现信息的即时分享、传播与互动。

1. 微博基本数据分析

微博管理后台提供了丰富的数据分析模块,有些数据分析模块需要运营者付费,但大部分服务为运营者提供了半个月以上的试用期,便于运营者分析微博数据的基本情况,如图 8-1 所示。

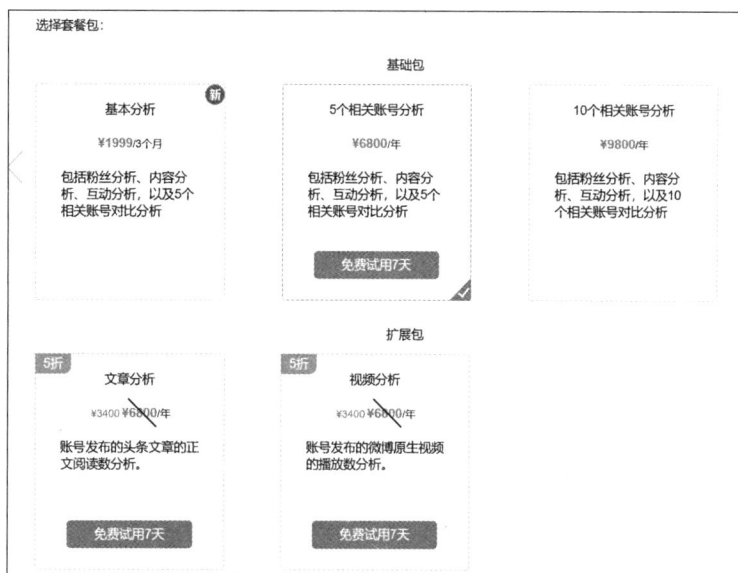

图 8-1 微博管理助手

试用期结束后,运营者可以选择有用的数据分析模块付费订阅,以便更好地掌握微博数据,提升运营效率。

运营者进入个人微博主页,单击"管理中心"→"数据助手"→"数据概览",就可以对微博基本数据进行分析。

在"数据概览"中,运营者可以对"昨日关键指标""粉丝变化""博文""我发布的内容""视频和文章"等进行分析。

(1)昨日关键指标。运营者需要留意净增粉丝数、阅读数、转评赞数、发博数、文章发布数、文章阅读数、视频发布量、视频播放量,从而通过客观数据找出差异,提升运营效率,如图 8-2 所示。

在"昨日关键指标"中,运营者可对以上参数随时间的变化进行分析,红色代表运营数据减少,绿色代表运营数据增长(本书为单色印刷,书中所说"红色""绿色"是实际页面颜色,仅供参考)。

净增粉丝数能够帮助运营者监测粉丝增长情况,如果粉丝数据增长,运营者需要从发布内容、数量、发布时间等方面进行总结,整理运营经验,以提升粉丝增长速率;如果粉丝数据下降,运营者应查看近期微博数据,查找原因,总结教训,更好地规划以后的运营。同理,运营者也可对阅读数、转评赞数、发博数、文章发布数、文章阅读数、视频发布量、视频

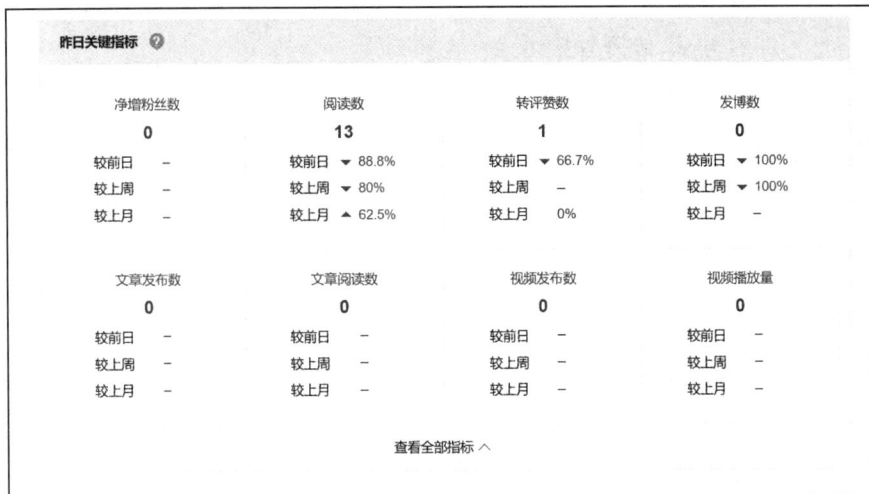

图 8-2　昨日关键指标

播放量进行分析。例如,运营者发现转评赞数呈明显增长趋势,通过查阅微博发现近期在微博里添加了互动引导语,从而提升了互动效果,因此这可作为日后运营经验加以利用。运营者需要关注红色和绿色变化较明显的数据,通过对比差异,找到提升运营效果的办法。

（2）粉丝变化。"粉丝变化"中有两个关键指标：新增粉丝数和减少粉丝数。其中,减少粉丝数既包含粉丝主动取消对账号的关注,也包括账号主动移除粉丝的关注。

在"粉丝变化"中,运营者可以看到粉丝变化的具体情况,如图 8-3 所示。

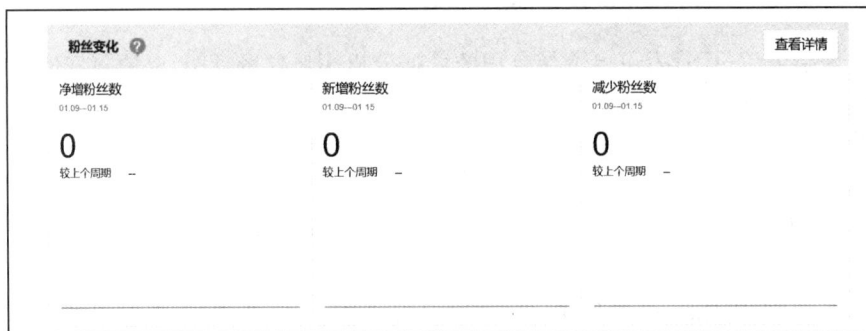

图 8-3　粉丝变化

（3）博文。"博文"中有两个关键指标：微博阅读数和转评赞数。

微博阅读数是指账号近 30 天内发布的微博被阅读的次数,一条微博可以被同一用户阅读多次；转评赞数指账号发布的微博被转发、评论和点赞次数的累加。

运营者通过"博文",可以分析微博阅读数和转评赞数的变化情况,进而总结提升运营效率的方法,如图 8-4 所示。

（4）我发布的内容。"我发布的内容"主要包括两个关键指标：发博数和发出评论数。

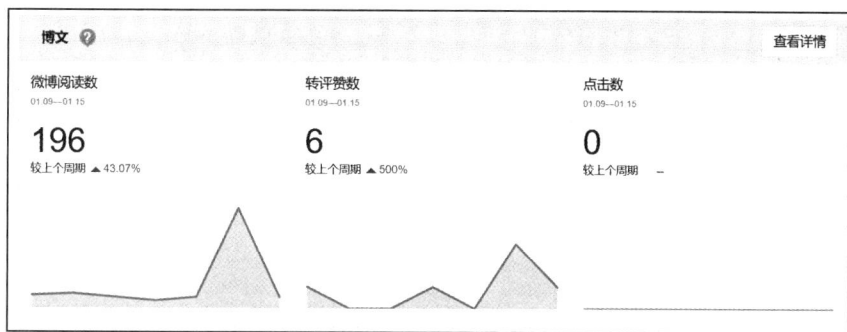

图 8-4　博文

发博数指账号发出微博的条数,发出评论数指账号发出评论的条数。在"我发布的内容"中,运营者可以查看有关发布内容的详细数据,如图 8-5 所示。

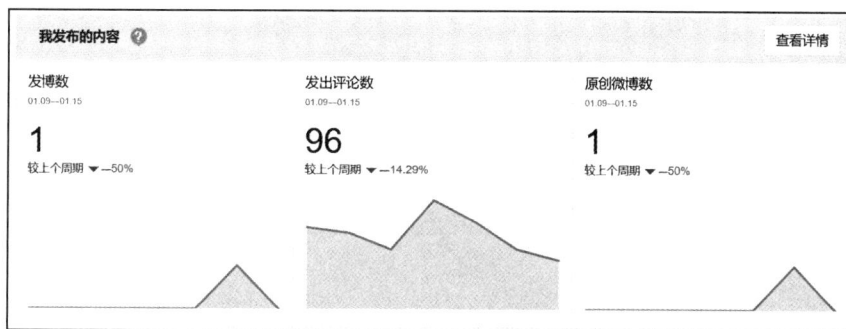

图 8-5　我发布的内容

对"我发布的内容"进行数据分析,可以反映运营者的勤劳程度。通过数据分布曲线,运营者可以分析是否抓住了热点时间段,如"6·18"等促销点,从而合理规划运营时间段,提升运营效率。

(5)视频和文章。通过视频和文章模块,运营者可以分析视频播放量和文章阅读数,如图 8-6 所示。同样,运营者可以分析这些数据的变化,总结出运营规律,以提升运营效率。

2. 微博粉丝数据分析

微博粉丝数据分析主要包括粉丝分析和互动分析。

(1)粉丝分析。"粉丝分析"模块主要包括粉丝趋势分析、近 7 日粉丝活跃分布、近 7 日取关粉丝列表、粉丝来源、粉丝类型、粉丝性别和年龄、粉丝地区分布、关注我的人的粉丝量级、粉丝兴趣标签、粉丝星座。运营者可以对这些指标进行详细的数据分析,从而提高运营效率。

① 粉丝趋势分析。微博粉丝趋势分析包括当前粉丝数、粉丝增加总数、粉丝减少总数、粉丝净增总数、主动取关粉丝总数等。其中,粉丝增长率指 $\dfrac{\text{当天粉丝数} - \text{昨日粉丝数}}{\text{昨日粉丝数}}$。

运营者可以选择任意指标进行数据分析,也可将数据导出至 Excel 表格中,如图 8-7

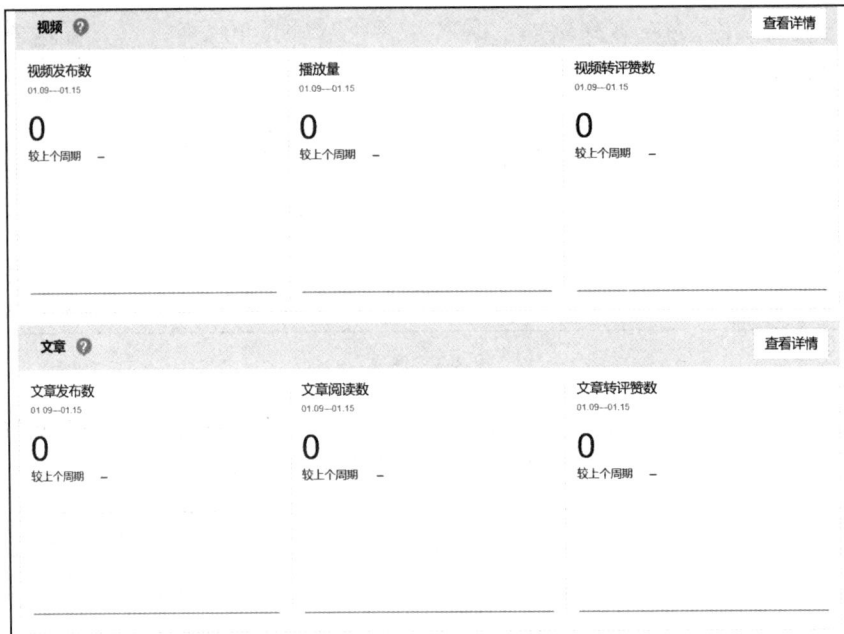

图 8-6　视频和文章

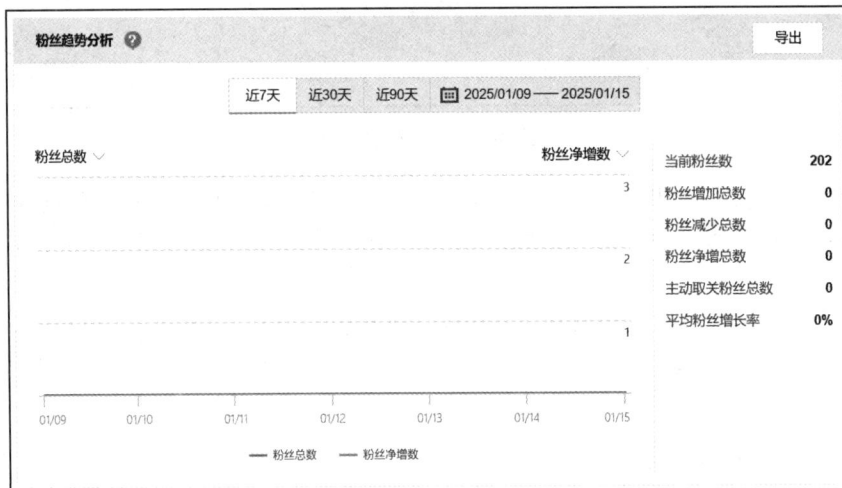

图 8-7　粉丝趋势分析

所示。

　　通过数据分析图，运营者可以快速了解粉丝增长和减少情况，从而加以分析，找出数据变化原因。

　　② 近 7 日粉丝活跃分布。在"近 7 日粉丝活跃分布"模块中，运营者可对活跃粉丝数进行分析。粉丝在某一天或某个时间段内登录过微博，即被视为活跃粉丝。

　　微博中有很多"僵尸粉"，即很久不登录微博的用户。真正对运营者有帮助的是活跃粉丝的数量。例如，某位运营者虽然粉丝总数不如另一位，但若其活跃粉丝数大于另一位,其实际价值也会更大。

在"粉丝按天分布"中,运营者可以查看以柱形图显示的近 7 日活跃粉丝数,进而合理评估自己账号的价值,如图 8-8 所示。

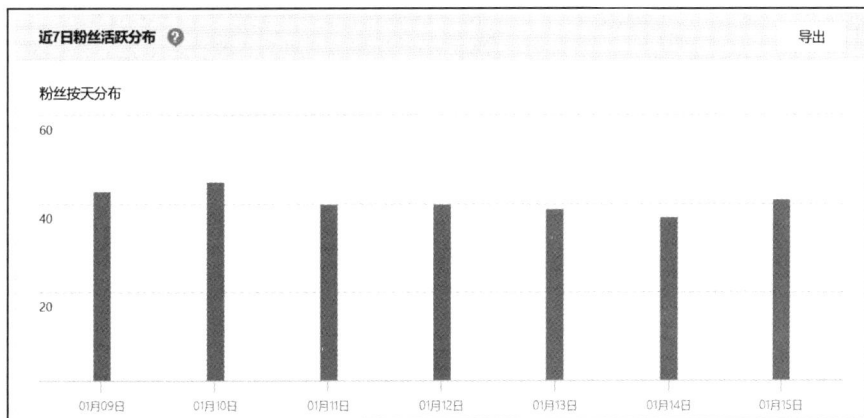

图 8-8　近 7 日粉丝活跃分布

运营者也可以查看近 7 日"粉丝按小时分布"的情况,进而总结出合理发文时间,如图 8-9 所示。

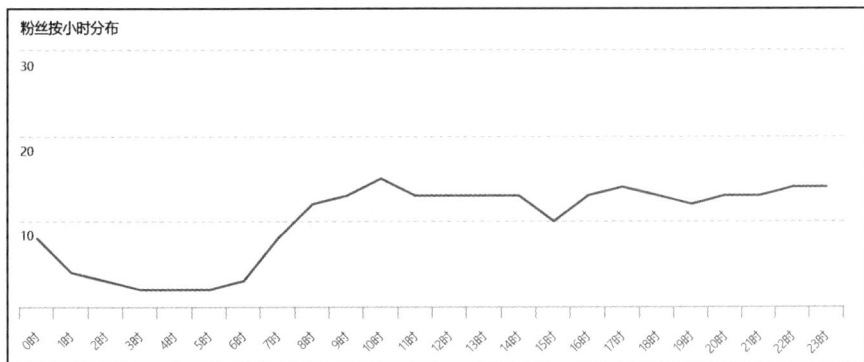

图 8-9　粉丝按小时分布

③ 近 7 日取关粉丝列表。在"近 7 日取关粉丝列表"中,运营者可对近 7 日内取消关注的粉丝数进行统计分析。

在此模块下,运营者可以查看取消关注用户的账号、取消关注时间、最近关注时长及取关粉丝数,也可将数据导出至 Excel 表格中进行分析,如图 8-10 所示。

运营者可以根据用户取消关注的时间,研究当天内容是否引起用户的反感;也可以去取消关注用户的微博主页看其兴趣所在,从而避免同类粉丝流失。

④ 粉丝来源。微博粉丝来源共分四部分,即找人、第三方应用、微博搜索、微博推荐。

运营者可以在"粉丝来源"模块中,查看粉丝来源中四个部分的比例分布,如图 8-11 所示。

由图 8-11 中可以看出,来自第三方应用的粉丝占绝大多数,故运营者应设置好微博

图 8-10　近 7 日取关粉丝列表

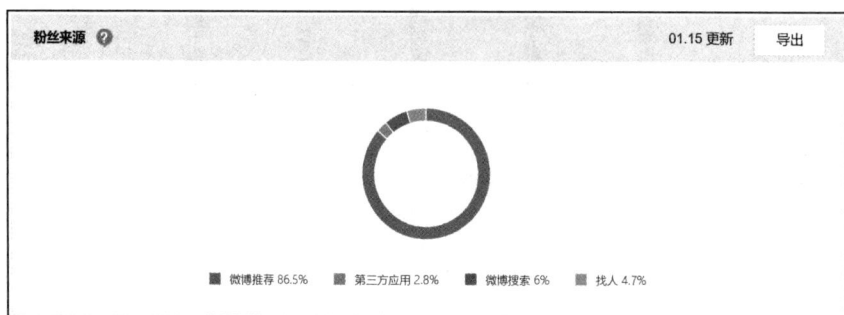

图 8-11　粉丝来源

的分类标签，便于吸引第三方应用中有共同需求和兴趣的用户，从而增加粉丝数量。

⑤ 粉丝类型。粉丝类型分为认证用户和普通用户。微博认证用户比普通用户活跃度和黏性要高，且对运营者更有价值。故粉丝中认证用户比例越高，说明运营者运营效果越好。

微博官方给出了粉丝类型的比例分布，便于运营者更好地评估运营效果，如图 8-12 所示。

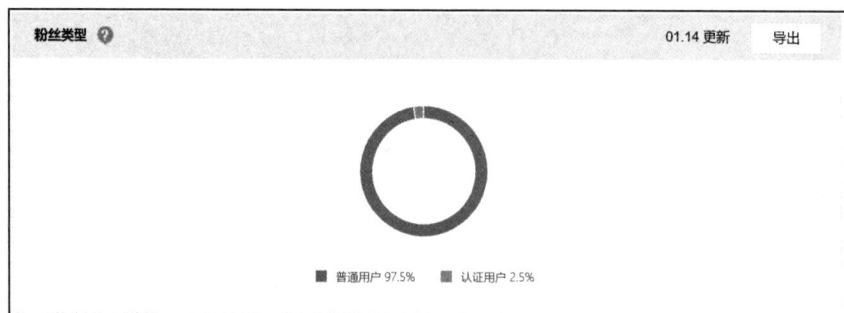

图 8-12　粉丝类型

⑥ 粉丝性别和年龄。粉丝性别和年龄会影响运营者选题及语言风格，毕竟提供容易理解、对用户有价值的内容才是提高阅读量的有效措施。运营者可以直方图形式查看不同年龄段男女粉丝的占比，也可将数据导出至 Excel 表格中统计男女占比，如图 8-13 所示。

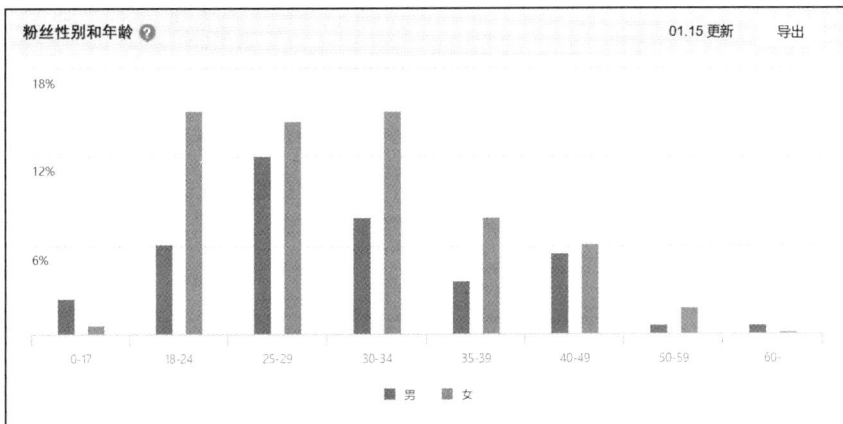

图 8-13　粉丝性别和年龄分布

运营者将图 8-13 中的数据导出至 Excel 表格中，可以计算出男女粉丝的比例为 45：55，女性粉丝居多。因此，运营者策划选题时可以选择偏向女性粉丝喜欢的娱乐综艺、时尚等内容，这样更容易获得高阅读量。

⑦ 粉丝地区分布。运营者统计出粉丝的地区分布，更利于规划线下活动和运营内容。

⑧ 关注我的人的粉丝量级。运营者可以对"关注我的人的粉丝量级"进行数据分析，粉丝量级越大的人群说明其影响力越大，如图 8-14 所示。

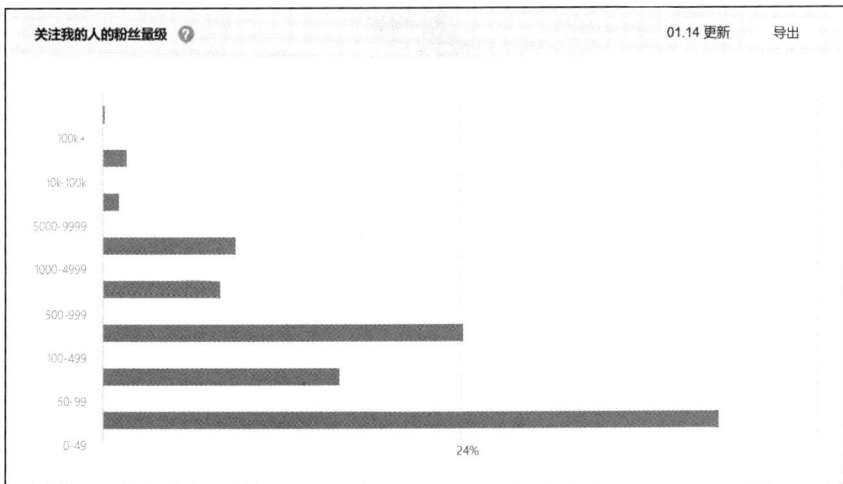

图 8-14　关注我的人的粉丝量级

⑨ 粉丝兴趣标签。对"粉丝兴趣标签"进行分析，便于根据粉丝需求提供合适的内容，进而提高粉丝黏性，如图 8-15 所示。

⑩ 粉丝星座。不同星座的人，性格和喜好可能不同。微博后台提供了粉丝星座分布的雷达图，运营者将鼠标悬浮在图上任意一点均可看到当前星座的粉丝所占比例。运营者也可将数据导出至 Excel 表格中，进一步对数据进行分析，如图 8-16 所示。

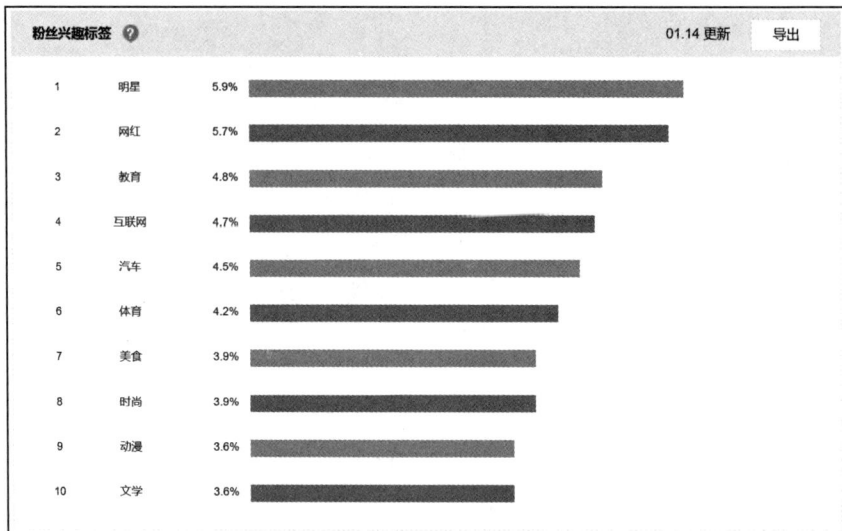

图 8-15　粉丝兴趣标签

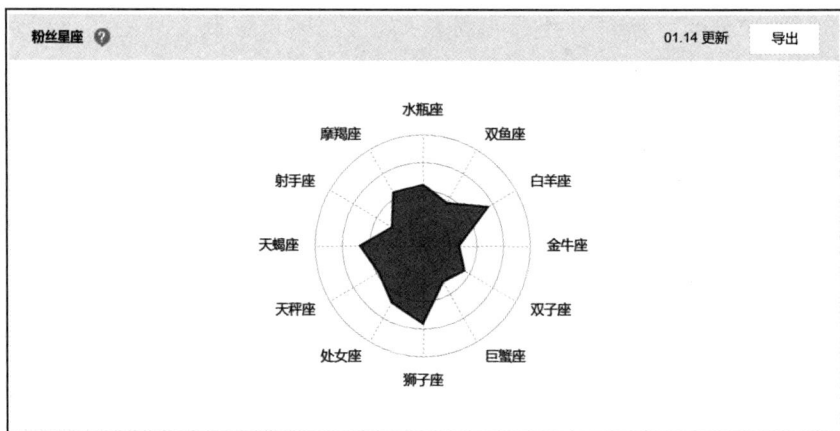

图 8-16　粉丝星座

（2）互动分析。"互动分析"模块主要包括近 7 日微博互动 TOP 10、我的影响力和我发出的评论。下面介绍两个较为主要的功能：近 7 日微博互动 TOP 10 和我的影响力。

① 近 7 日微博互动 TOP 10。此模块可以展示最近 7 天内与运营者互动最密切的前 10 个账号，运营者可以浏览这些账号主页，查看用户的兴趣和爱好，并给予重点关照，如图 8-17 所示。

运营者将精力放在最有价值的用户身上，会有利于账号的运营。

② 我的影响力。运营者可以通过图表查看各个参数的变化情况，了解微博影响力的变化情况，进而制定相应的策略，提升运营效率，如图 8-18 所示。

3. 微博内容数据分析

微博内容数据分析主要包括博文分析和文章分析。其中博文分析指对所发博文进行

图 8-17　近 7 天账号互动 TOP 10

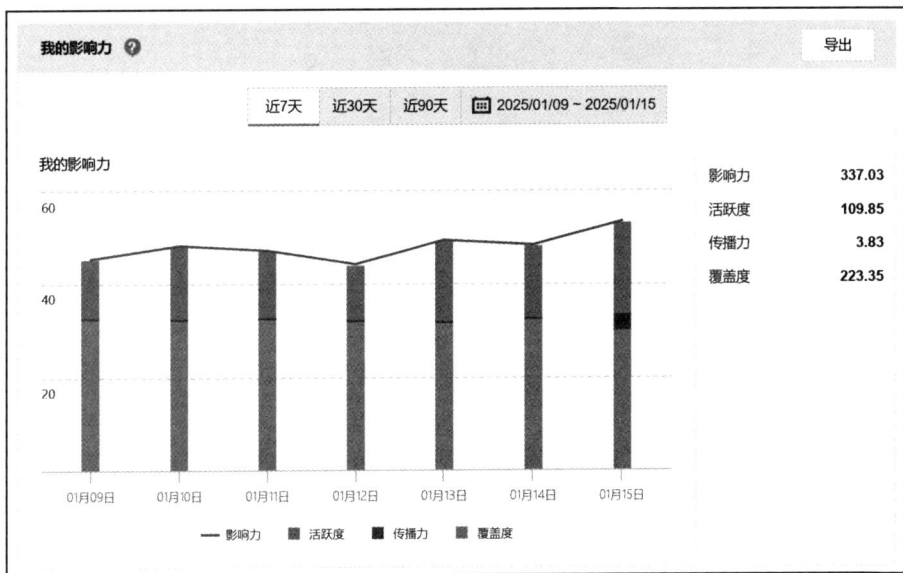

图 8-18　我的影响力

数据分析,文章分析指对微博头条文章进行数据分析。

(1) 博文分析。运营者单击"管理中心"→"数据助手"→"博文分析",即可对所发博文进行数据分析。

在"博文分析"模块,运营者可对"微博阅读趋势""微博转发、评论和赞""单篇微博分析"进行详细分析。

① 微博阅读趋势。在"微博阅读趋势"模块中,运营者可对发博数和阅读数进行分析。这两个参数的定义如表 8-10 所示。

表 8-10　"微博阅读趋势"模块中参数的定义

参　数	定　义
发博数	账号发出微博的条数
阅读数	账号近 30 日内发布的微博被阅读的次数,一条微博可以被同一用户阅读多次

将发博数和阅读数显示在一个坐标系中，便可知阅读量与原创微博数呈正相关，故运营者应尽量多发有价值的微博，进而提升阅读数，增强运营效果。

运营者也可以单击"微博阅读趋势"右上角的"导出"按钮（见图8-19），将数据导出至Excel表格中，对数据做进一步分析，以探索提高运营效率的方法。

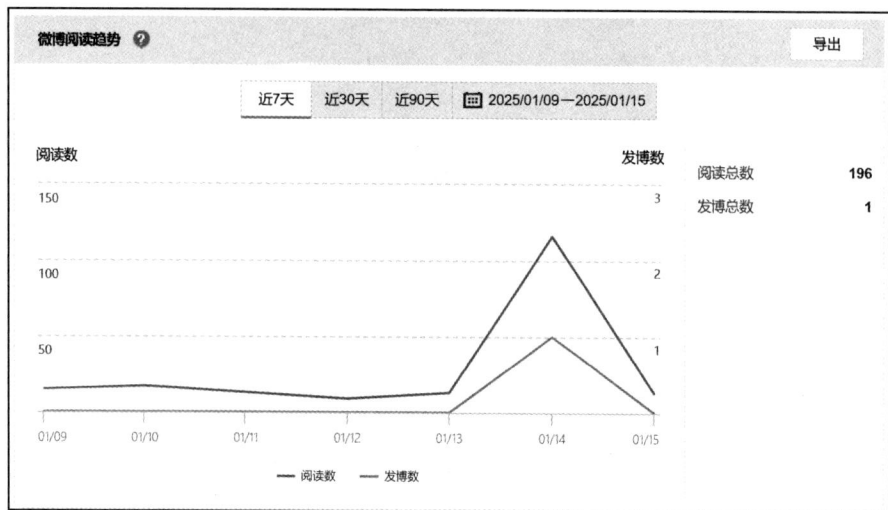

图 8-19　微博阅读趋势

② 微博转发、评论和赞。在"微博转发、评论和赞"模块中，运营者可对相关参数进行分析。

转评赞总数是指账号发布的微博被转发、评论和点赞次数的累加，如图 8-20 所示。

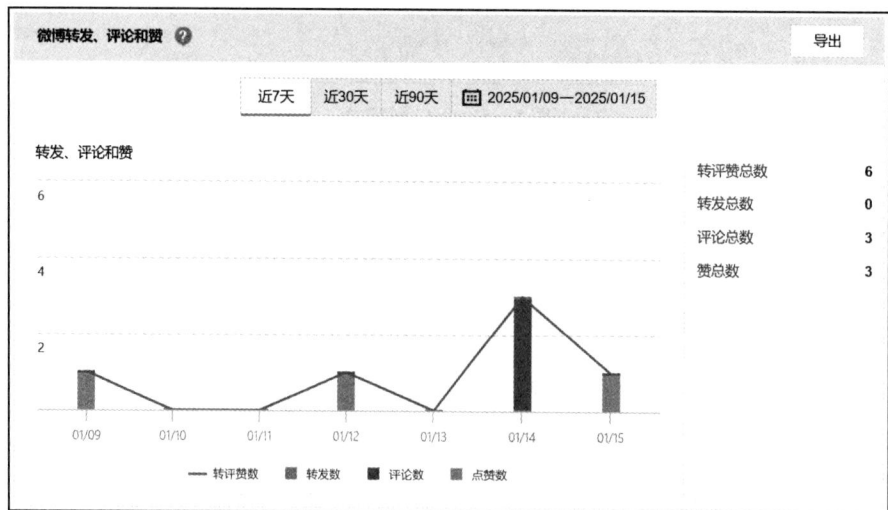

图 8-20　微博转发、评论和赞

③ 单篇微博分析。在"单篇微博分析"中，运营者可对微博阅读人数、点击数进行分析。这两个参数的定义如表 8-11 所示。

表 8-11　"单篇微博分析"模块中参数的定义

参　　数	定　　义
阅读人数	单篇微博发出后累计被阅读的去重人数
点击数	账号发布的微博中带有的短链接(含头条文章)或者图片被点击次数的累加

在"单篇微博分析"模块中,阅读人数、点击数等将以折线图的形式直观显示出来,运营者也可以单击右上角"导出"按钮,将详细数据导出至 Excel 表格中,对数据做进一步处理。

运营者可以快速找到阅读人数和点击数高的微博,对微博内容、发布时间进行统计,以便找出更好的运营策略。单击右侧"查看详情分析"按钮,运营者可以看到微博阅读量随时间的变化情况。单击"查看原微博"按钮,运营者可以快速查看微博内容,进而有利于统计分析。

微博的阅读量一般随着时间的延长会不断降低,但如果微博发布一段时间后有大号转发,则阅读量会迅速攀升,故运营者发布微博时可以@相关大号作者,这样可以有利于阅读量不断增长。

(2) 文章分析。运营者单击"管理中心"→"数据助手"→"文章分析",即可对所发头条文章进行分析。

在"文章分析"模块中,运营者可以对"文章阅读趋势""文章转发、点评和赞""单篇文章分析"进行分析。

① 文章阅读趋势。在"文章阅读趋势"模块中,运营者可对文章阅读数和文章发布数进行分析。这两个参数的定义如表 8-12 所示。

表 8-12　"文章阅读趋势"模块中参数的定义

参　　数	定　　义
文章阅读数	账号发布的头条文章被阅读的次数,一篇文章可以被同一用户阅读多次
文章发布数	账号发出文章的篇数

运营者同样可以对两个指标进行对比分析,并可将所有数据导出至 Excel 表格中,如图 8-21 所示。

② 文章转发、评论和点赞。在"文章转发、评论和点赞"模块中,运营者可对转发数、评论数和点赞数进行分析。这三个数据的定义如表 8-13 所示。

表 8-13　"文章转发、评论和点赞"模块中参数的定义

参　　数	定　　义
转发数	账号发布的文章被转发的次数累加
评论数	账号发布的文章被评论的次数累加
点赞数	账号发布的文章被点赞的次数累加

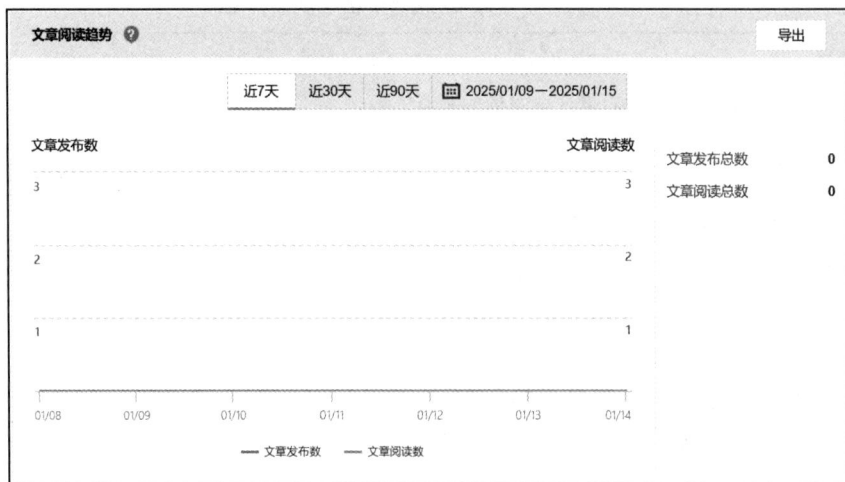

图 8-21　文章阅读趋势

运营者同样可以对这三个参数进行对比分析，并可将所有数据导出至 Excel 表格中，如图 8-22 所示。

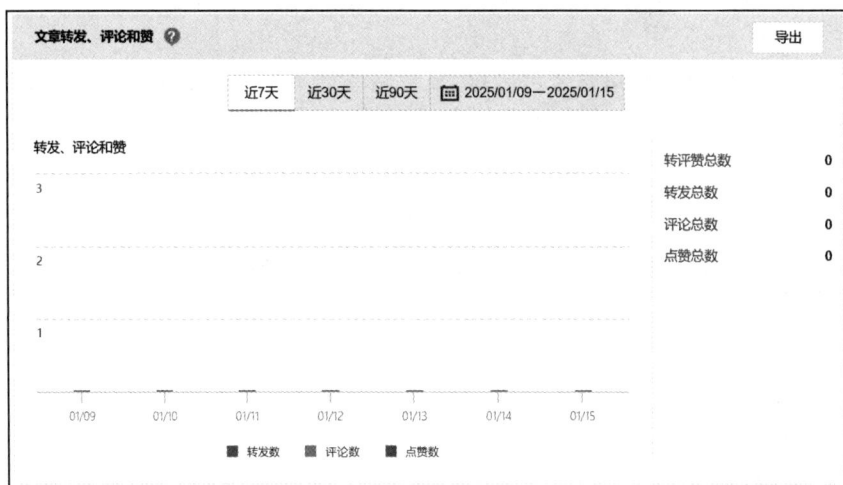

图 8-22　文章转发、评论和点赞

③ 单篇文章分析。在"单篇文章分析"模块中，运营者可对阅读数、转评赞数和阅读互动率进行分析，三个参数的定义如表 8-14 所示。

表 8-14　"单篇文章分析"模块中参数的定义

参　　数	定　　义
阅读数	账号发布的文章被阅读的次数，一篇文章可以被同一用户阅读多次
转评赞数	账号发布的文章被转发、评论和点赞的次数累加
阅读互动率	点赞数/文章阅读数

与"单篇微博分析"类似,运营者同样可以查看数据,并可将详细数据导出至 Excel 表格中。单击右侧"查看详情分析"按钮,运营者可以查看阅读数和文章转评赞数随时间变化的具体数据,进而进行统计分析,如图 8-23 所示。

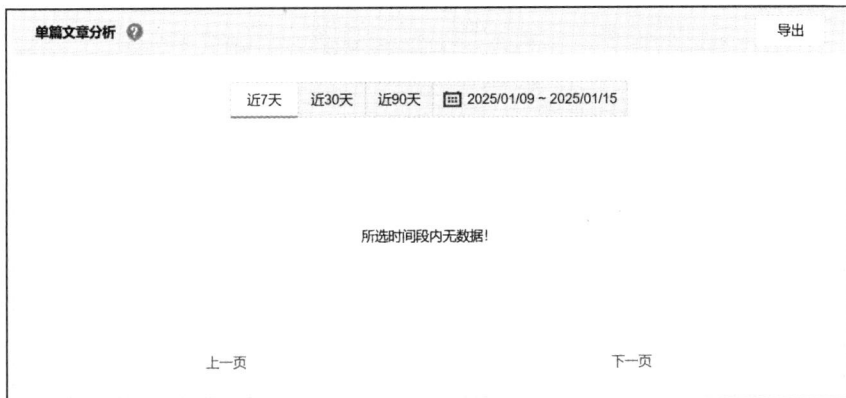

图 8-23　单篇文章分析

项目考核

一、填空题

1. _____是指有针对性地收集、加工、整理数据,并采用适当的统计分析方法对数据进行归纳,提取其中有用的信息形成结论。

2. 一般以微信个人号作为主要推广平台的新媒体团队,常以_____的方式进行品牌宣传或产品推广。

3. 第三方分析工具指的是非官方平台自带的、需要官方平台_____后才可以使用的数据分析工具。

4. 导出后台数据后,新媒体运营者可以利用_____对数据进行个性化分析,包括时间分析、公式分析、对比分析、趋势分析等。

5. 纵向对比指_____。

二、判断题

1. 新媒体运营团队必须有目的、有方法地挖掘与分析数据,使数据真正为新媒体营销服务。　　　　　　　　　　　　　　　　　　　　（　　）

2. 数据处理通常包括数据剔除和数据合并两个方面。　　　　　　　（　　）

3. 流量分析即网站或网店流量分析,通过对访问量、访问时间、跳出量、跳出率等流量数据的分析,可以评估网站运营的基本情况。　　　　　　　　　（　　）

4. 对比分析法是指将两组数据进行对比,通过数字展示或说明研究目标的大小、水

平高低、速度快慢，以及各种关系是否协调等。　　　　　　　　　　　　　（　　）

5. 微信公众平台于 2012 年 8 月 23 日正式上线，曾定位为"官号平台"和"媒体平台"，最终定位为"公众平台"。　　　　　　　　　　　　　　　　　　　　　　　　（　　）

三、简答题

1. 简述新媒体数据的来源。

2. 简述新媒体数据分析的步骤。

3. 简述新媒体数据分析的方法。

4. 简述常见的新媒体数据分析内容。

5. 简述微信公众号数据分析对于微信公众号运营的意义。

参 考 文 献

[1] 李良荣. 网络与新媒体概论[M]. 2版. 北京：高等教育出版社,2019.

[2] 程栋. 智能时代新媒体概论[M]. 北京：清华大学出版社,2019.

[3] 蒋学勤. 大数据创造商业价值案例分析[M]. 成都：电子科技大学出版社,2017.

[4] 龚铂洋. 左手微博右手微信 2.0：新媒体营销的正确姿势[M]. 北京：电子工业出版社,2017.

[5] 袁国宝. 抖音营销[M]. 北京：电子工业出版社,2019.

[6] 林海. 新媒体营销[M]. 2版. 北京：高等教育出版社,2021.

[7] 李昕. 全能运营：新媒体营销和运营实战手册[M]. 北京：清华大学出版社,2019.

[8] 华迎. 新媒体营销：营销方式＋推广技巧＋案例实训[M]. 北京：人民邮电出版社,2021.

[9] 杜鹏,佟玲. 新媒体营销：微课版[M]. 北京：人民邮电出版社,2021.

[10] 谭天,陈律言,等. 新媒体运营教程[M]. 广州：暨南大学出版社,2022.

[11] 匡文波. 新媒体概论[M]. 3版. 北京：中国人民大学出版社,2019.